첫 번 째

양말목 공예

개정판

첫 번째 양말목 공예(개정판)

2023년 11월 20일 1판 1쇄 인쇄
2023년 11월 30일 1판 1쇄 발행

지은이 한창숙(방과후공예협회)
펴낸이 이상훈
펴낸곳 책밥
주소 03986 서울시 마포구 동교로23길 116 3층
전화 번호 02-582-6707
팩스 번호 02-335-6702
홈페이지 www.bookisbab.co.kr
등록 2007.1.31. 제313-2007-126호

기획 박미정
디자인 디자인허브

ISBN 979-11-93049-24-2 (13630)
정가 23,000원

책밥은 (주)오렌지페이퍼의 출판 브랜드입니다.

첫 번 째

양말목 공예

개정판

한창숙(방과후공예협회) 지음

책밥

- prologue -

시간이 나면 늘 꼼지락거리며 무언가를 만드는 것이 일상이 됐어요. 그것이 자신을 행복하게 하는 일인가 봅니다. 아무것도 아닌 재료들이 내 손을 거쳐 의미 있는 것이 될 때 생명을 불어넣기라도 한 듯 뿌듯해집니다. 나를 조금 더 사랑하고 소중하게 생각하게 되는 일들이 '만들기'라는 활동을 통해서 일어나 게 되는 것이지요.

양말목 공예를 처음 접한 건 업사이클링에 관심을 두게 되면서부터였어요. 버 려지는 폐기물을 공예로 발전시켜서 많은 사람이 '만드는 즐거움'을 알아가고 있다는 사실이 정말 흥미로웠습니다.

여러 가지 공예 중에 양말목 공예의 가장 큰 장점은 남녀노소 누구나 배울 수 있는 쉬운 공예라는 것입니다. 코바늘뜨기에 기반을 두고 있기 때문에 뜨개를 해본 사람들은 더 쉽게 접근할 수 있을 거예요. 이 책에서는 10가지 기본 모 양을 엮는 방법에서 시작해 우리 생활에 밀접하게 사용할 수 있는 22가지 소 품 만드는 방법을 다뤘어요. 여러 수업을 출강하면서 수강생들이 가장 어려워 하고 실수를 많이 하는 부분도 사진과 설명으로 최대한 자세히 담으려고 노력 했습니다. 양말목 공예에 첫발을 들어놓은 여러분들이 쉽고 재미있게 만들 수 있기를 바랍니다.

한창숙 드림

- contents -

B a s i c 1 ——— ∞ ——— 기본 모양 알아보기

B a s i c 2 ——— ∞ ——— 패 턴 알 아 보 기

p a r t 1 ——— ∞ ——— 주 방 용 품

- 양말목 공예 -

업사이클링(upcycling)은 버려지는 폐기물에 디자인과 활용성을 더해서 가치 있는 자원으로 재탄생 시키는 작업을 말합니다. 자원을 재활용함으로써 자원의 폐기와 생산에 필요한 많은 에너지 소비를 절감시키고 환경의 오염 또한 줄일 수 있는 첫걸음이 됩니다.

양말목은 업사이클링 공예의 대표적인 재료로, 양말을 생산할 때 나오는 폐기물입니다. 신축성 있고 튼튼하여 농촌에서 결속용 끈으로 사용하고 있었는데 색이 다양하고 직조를 했을 때 도톰하고 단단하다는 장점이 있어서 공예로 발전하게 되었습니다.

재료도 복잡하지 않아 남녀노소 누구나 쉽게 배울 수 있습니다.

- 준비하기 -

양말목

건조기에 돌려서 먼지가 제거된 상태의 양말목을 삽니다. 한곳에서 많은 양의 양말목을 사지 않고 여러 곳에서 적당량을 살 것을 추천합니다. 일반적으로 판매할 때 특정 색을 지정하지 않고 랜덤으로 보내기 때문에 한 번에 많은 양을 주문하면 어두운색 양말목이 다량 들어있을 가능성이 있습니다. 간혹 업체에 따라서 밝은색만 따로 판매하기도 하지만 가격이 올라간다는 단점이 있습니다.

직조 틀

티매트를 직조하기 위해서 필요한 도구입니다. 직조 틀에 세로로 양말목을 걸고, 가로로 양말목을 위아래로 움직여서 평직을 짤 수 있습니다. 간단한 재료로 제작해서 사용할 수도 있어요. (058쪽)

– 양말목 공예를 시작하기 전에 –

❶ 먼지가 제거됐다 하더라도 작업하다 보면 많이 발생할 수 있습니다. 수시로 환기를 시켜주고 마스크를 끼고 작업해도 좋습니다. 그래도 먼지가 너무 많다면 양말목을 세탁 망에 넣어 세탁·건조한 후에 사용합니다.

❷ 처음 링을 엮을 때 꼬임을 넣어주는데 필수적인 것은 아닙니다. 꼬임을 넣으면 짜임이 더 단단해지고 모양이 잘 나옵니다. 그렇다고 모든 곳에 꼬임을 넣으면 링이 커져서 예쁘지 않습니다. 반드시 맨 처음 시작하는 첫 번째 링만 꼬임을 넣어 주세요.

❸ 원형 뜨기의 경우 링의 개수를 늘리거나 줄일 때 원단이 심하게 줄거나 늘어날 수 있습니다. 평평한 곳에 펼쳐놓고 편물의 상태를 확인해 가면서 개수를 변경합니다.

❹ 양말목 공예는 링을 넣고 비우면서 원하는 모양을 만드는 공예입니다. 링을 넣어야 하는 곳에 넣지 않으면 원하는 모양이 나오지 않아요. 특히 사각 뜨기는 단마다 첫 번째 구멍과 마지막 구멍에 링을 넣지 않아 편물의 모양이 일그러지는 경우가 많습니다. 링을 넣지 않은 곳이 있다면 거기까지 풀고 다시 만들어야 하니 빠진 곳이 없는지 항상 체크합니다.

❺ 엮고 난 매트의 바닥이 미끄럽지 않게 하고 싶다면 바닥에 글루건을 몇 군데 떨어뜨려 굳힙니다. 글루건이 굳으면서 미끄럼 방지 기능을 해요.

❻ 완성된 공예품은 중성세제로 손빨래를 하는 것이 좋고, 세탁기를 사용한다면 세탁 망에 따로 넣어서 세탁하고 바람이 잘 통하는 곳에서 손으로 모양을 잡아서 말립니다. 건조기로 건조하면 원단이 수축할 수 있어요. 양말목의 특성상 실밥이 생길 수 있는데 가위로 짧게 잘라냅니다.

❼ 여름 양말은 얇고 잘 늘어나고, 겨울 양말은 두껍고 쫀쫀합니다. 등산 양말은 더욱 두껍고 투박합니다. 그럴 때는 비슷한 것끼리 분류해놓고 작업하면 좋습니다. 색깔뿐만 아니라 굵기나 링의 크기도 비슷한 것끼리 분류해놓으면 짜임이 고른 제품을 만들 수 있습니다.

❽ 양말목은 살 때 색을 선택할 수 없는 단점이 있습니다. 작업하다 보면 무채색만 남는 경우도 생기는데 무채색도 밝은색과 함께 배색하면 서로를 돋보이게 할 수 있습니다. 밝고 예쁜 색들로만 구성한다고 해서 예뻐지는 것은 아니니 서로 조화롭게 작업할 수 있도록 합니다.

❾ 양말목 공예는 재료가 커서 손가락으로 쉽게 엮을 수 있고 그로 인해 기본적인 방법만 터득하면 도안이 없어도 다양하게 만들 수 있습니다. 원단에서 오는 따뜻한 느낌이 좋고 직조 모양이 아름답습니다. 하지만 두껍고 무거워서 들고 다니는 소품에 부적합할 수 있으며 이동할 필요 없는 매트 등에 좋습니다.

❿ 양말목 공예의 기본방법은 코바늘뜨기에서 응용되었다고 볼 수 있습니다. 양말목은 실이 되고, 손가락이 코바늘이 되어서 뜨개질을 하는 것으로 일종의 핑거니팅이라고 할 수 있어요. 또한 고무줄 공예나 마크라메 등에서 아이디어를 가지고 와서 적용하면 다양한 소품을 만들 수 있습니다.

- 배색하기 -

배색이란 2가지 이상의 색이 잘 어울리도록 배치하는 것을 말합니다.

❶ **톤온톤 & 톤인톤:** 톤온톤 배색은 같은 색상 내에서 밝기나 맑기에 차이를 두어 배색하는 방법을 말하고 톤인톤 배색은 밝기가 비슷한 상태에서 다양한 색상을 조화롭게 배색하는 방법을 말합니다.

❷ **악센트:** 테두리와 같은 일정한 부분에 대비되는 색상을 넣어서 강조시키는 방법으로 깔끔하고 정돈된 느낌이 드는 것이 특징입니다.

❸ **믹스:** 비슷한 톤의 색상을 섞어서 직조하는 방법으로 부드럽고 자연스러운 느낌이 들 수 있습니다.

양 말 목 공 예 의 시 작

기본 모양 알아보기

여러 가지 소품을 만들기 전에 가장 기본이 되는 편물을 만듭니다. 사각형·삼각형은 체인 뜨기로 시작하고, 원형·오각형·육각형·하트는 원형 뜨기로 시작합니다. 이런 다양한 모양들을 응용하면 입체적인 형태는 물론, 인테리어나 주방 소품 등 여러 가지로 활용할 수 있습니다.

체인 뜨기

2줄 링을 반복해서 엮는 방법입니다. 삼각 뜨기, 사각 뜨기의 시작이며, 타원 뜨기의 중심이 됩니다. 체인에 새로운 링을 넣어 엮으면 편물을 만들 수 있습니다. 가방끈이나 휴지 걸이 등의 굵은 끈을 표현할 때 자주 활용합니다.

· **준비물**   양말목 5개

1. 링 1개를 준비합니다.

2. 링을 '8'자로 꼬아줍니다.

3. 꼬아준 링을 반으로 접습니다. 이것을 '2줄 링'이라고 합니다.

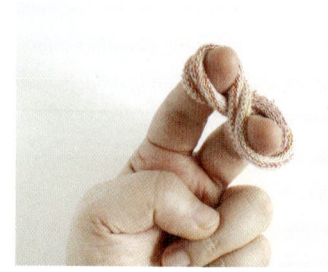

4. 2줄 링을 다시 '8'자로 꼬아서 손가락에 걸어줍니다.

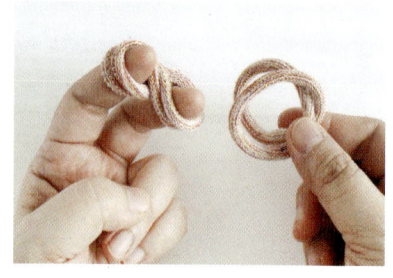

5. 새로운 링으로 다시 2줄 링을 만듭니다.

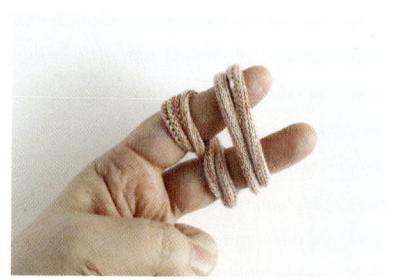

6. 새로 만든 2줄 링을 꼬지 않고 그대로 걸어줍니다.

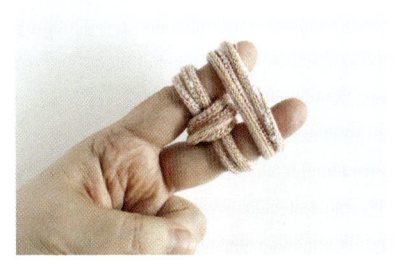

7. 아래에 있는 2줄 링 중 오른쪽 링을 6에서 만든 2줄 링 위로 넘겨 손가락 가운데로 옮깁니다.

8. 7과 같은 방법으로 아래에 있는 2줄 링 중 왼쪽도 옮겨줍니다. 아래에 있던 2줄 링이 위에 있는 2줄 링 중간에 걸립니다. 체인 1개가 만들어집니다.

9. 새로운 2줄 링을 꼬지 않고 그대로 걸어줍니다.

10. 아래 2줄 링을 9의 위로 넘겨서 중간에 걸리도록 옮겨줍니다. 체인 2개가 만들어집니다.

11. 9~10과 같은 방법으로 계속해서 링을 걸고 옮겨 체인을 만들어줍니다. 이것을 체인 뜨기라고 합니다. 5개의 링으로 5개의 체인을 만들었습니다.

사각 뜨기

사각형 편물을 만드는 사각 뜨기는 체인 뜨기로 시작합니다. 원하는 개수 만큼 체인을 만들고 체인의 구멍에 새로운 링을 넣고 하나씩 엮어 단을 만 듭니다. 처음과 끝부분에 링을 빠뜨리지 않도록 주의하는 것 잊지 마세요. 발 매트나 방석 등을 만들 때 활용합니다.

- **준비물** 양말목 50개

- **진행 방향**

1. 7개의 링으로 체인 뜨기 합니다. 7개의 체인을 만들고 손가락에서 빼내 어 분리합니다.

〰️ 체인 뜨기 : 018쪽

2. 오른쪽 끝 체인에 새로운 링을 통 과시킵니다.

3. 오른쪽 끝에서 두 번째 체인에도 새로운 링을 통과시킵니다.

4. 통과시킨 두 링이 위를 향하게 접 고, 오른쪽 링에 손가락을 넣습니다.

5. 손가락을 자기 몸쪽으로 한 바퀴 돌려서 꼬아줍니다.

6. 꼬아준 링에 엄지손가락을 넣습니 다.

엮어준 모습

7. 남은 링을 잡고 5의 링 안쪽으로 빼냅니다.

진행방향

왼쪽 끝 체인

8. 오른쪽 끝에서 세 번째 체인에 링을 넣고 7의 링에 손가락을 넣습니다.

9. 새로 넣은 링을 잡고 7의 링 안쪽으로 빼냅니다.

10. 8~9와 같은 방법으로 왼쪽 끝 체인까지 엮습니다.

첫 번째 구멍

11. 편물의 방향이 반대로 가도록 뒤집어줍니다.

12. 첫 번째 구멍에 링을 넣습니다. 편물을 위에서 봤을 때 4개의 줄에 모두 통과하도록 링을 넣습니다.

tip 구멍은 이전 단에서 링과 링이 서로 엮이면서 생긴 사이 공간을 말합니다.

13. 새로 넣은 링을 위를 향하게 접고 이전 링에 손가락을 넣어 새로 넣은 링을 잡고 빼냅니다.

14. 12~13을 반복해 왼쪽 끝까지 엮습니다.

15. 다시 편물을 뒤집어서 방향을 바꿉니다. 이렇게 오른쪽 끝에서 왼쪽 끝까지 엮고 다시 방향을 바꿔 오른쪽 끝에서 왼쪽 끝까지 엮는 것을 반복합니다.

사각 뜨기 완성

16. 7단까지 엮어 사각 뜨기를 완성합니다.

7단
6단
5단
4단
3단
2단
1단

링의 개수

0단: 체인 뜨기(7개)

1단 : 구멍 하나에 링 1개씩 넣고 엮기(7개)

2단 : 구멍 하나에 링 1개씩 넣고 엮기(6개)

3단 : 구멍 하나에 링 1개씩 넣고 엮기(6개)

4단 : 구멍 하나에 링 1개씩 넣고 엮기(6개)

5단 : 구멍 하나에 링 1개씩 넣고 엮기(6개)

6단 : 구멍 하나에 링 1개씩 넣고 엮기(6개)

7단 : 구멍 하나에 링 1개씩 넣고 엮기(6개)

삼각 뜨기

사각 뜨기의 변형으로 모든 과정이 사각 뜨기와 같지만, 한 단의 마지막 구멍에 링을 넣지 않고 엮는 것이 다릅니다. 링이 하나씩 줄어들면서 삼각형을 만들 수 있어요. 가랜드를 만들 때 활용합니다.

• 준비물　양말목 23개

• 진행 방향

1. 사각 뜨기의 1~10을 참고해 마지막 구멍만 빼고 엮습니다.

♾ 사각 뜨기 : 020쪽

2. 1을 뒤집어서 방향을 바꿉니다.

3. 첫 번째 구멍에 링을 넣습니다.

4. 링에 손가락을 넣고 3의 링을 빼내어 엮습니다.

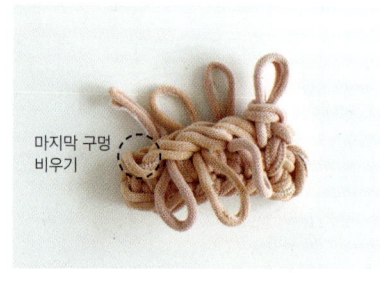

5. 마지막 구멍만 빼고 구멍 하나에 링을 1개씩 넣어줍니다. 코가 한 개씩 줄어드는 거예요.

6. 4와 같은 방법으로 엮습니다.

7. 다시 편물을 뒤집어서 방향을 바꿉니다.

마지막 구멍
비우기

8. 마지막 구멍만 빼고 구멍 하나에 링을 1개씩 넣습니다.

9. 오른쪽 끝에 있는 링에 손가락을 넣고 8의 링을 하나씩 빼내어 엮습니다.

10. 편물을 뒤집어서 방향을 바꿉니다.

11. 계속해서 마지막 구멍만 빼고 구멍 하나에 링을 1개씩 넣습니다.

12. 오른쪽 끝에 있는 링에 손가락을 넣고 앞의 링을 빼내어 엮습니다.

5단
첫 번째 구멍

13. 5단 첫 번째 구멍에 링을 넣고 오른쪽 끝에 있는 링에 손가락을 넣고 빼내어 엮습니다.

14. 마지막 구멍은 비웁니다.

삼각 뜨기 완성

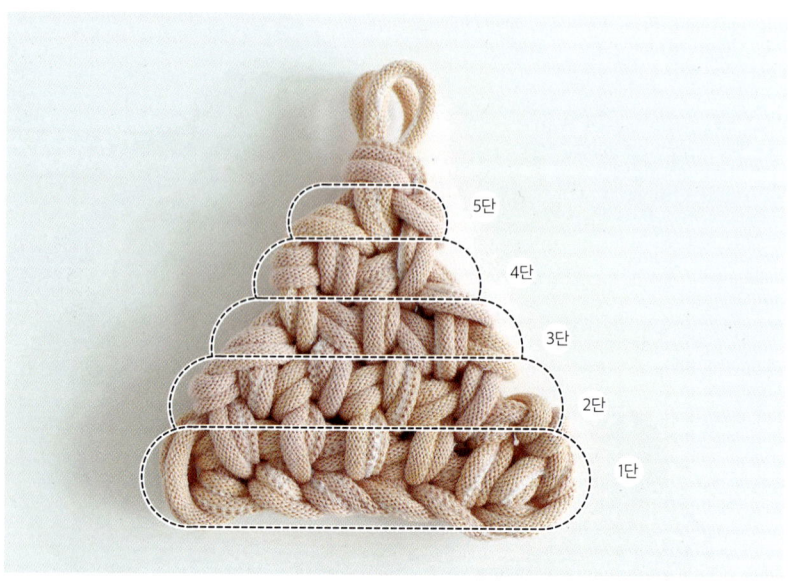

5단
4단
3단
2단
1단

링의 개수

0단: 체인 뜨기(7개)

1단 : 마지막 구멍 빼고 구멍 하나에 링 1개씩 넣고 엮기(6개)

2단: 마지막 구멍 빼고 구멍 하나에 링 1개씩 넣고 엮기(4개)

3단: 마지막 구멍 빼고 구멍 하나에 링 1개씩 넣고 엮기(3개)

4단: 마지막 구멍 빼고 구멍 하나에 링 1개씩 넣고 엮기(2개)

5단: 마지막 구멍 빼고 구멍 하나에 링 1개씩 넣고 엮기(1개)

원형 뜨기

링을 꼬아서 4줄 링을 만들고 중심에서 바깥쪽으로 원을 그리며 편물을 짜는 기법이에요. 원의 크기를 키우려면 링을 추가해 코를 늘려 엮습니다. 링을 추가할 때는 일정한 규칙으로 고르게 늘려야 해요. 방석이나 러그를 만들 때, 바구니의 바닥 면을 만들 때 활용합니다.

• 준비물 양말목 96개

• 진행 방향

1. 링 1개를 준비합니다.

2. 링을 '8'자로 꼬아줍니다.

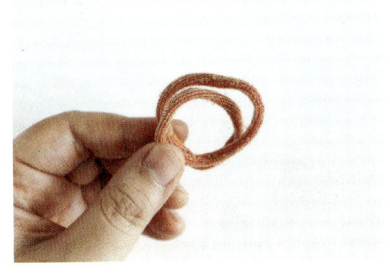

3. 꼬아준 링을 반으로 접어서 2줄 링을 만듭니다.

4. 2줄링을 다시 '8'자 모양으로 꼬아 줍니다.

5. 꼬아준 링을 다시 반으로 접습니다. 이것을 '4줄 링'이라 하고 이것은 '원의 중심'이 됩니다.

6. 4줄 링(원의 중심) 안에 링을 2개 넣습니다.

7. 넣은 2개의 링을 위로 향하도록 각 각 접습니다.

8. 오른쪽 링에 손가락을 넣습니다.

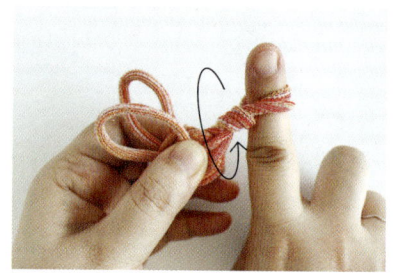

9. 자기 몸쪽으로 한 바퀴 돌려서 꼬 아줍니다.

10. 9의 꼬아준 링 안에 엄지손가락도 넣습니다.

11. 남은 링을 잡고 9의 링 안쪽으로 빼냅니다. 이때 왼손으로 4줄 링(원의 중심) 을 잡고 있어야 합니다.

12. 다시 4줄 링(원의 중심)에 새로운 링을 1개 넣습니다.

13. 11과 같은 방법으로 이전 링에 손 가락을 넣고 새로 넣은 링을 잡고 빼냅 니다.

1단 완성

14. 계속해서 12~13을 반복하여 4줄 링(원의 중심)에 총 7개의 링을 넣고 엮 습니다.

손가락 넣는 곳

15. 이제 2단을 만듭니다. 첫 번째 구멍에 링을 2개 넣습니다.

16. 15에서 새로 넣은 2개의 링을 하나씩 차례대로 엮습니다

17. 2번째 구멍에도 링을 2개 넣습니다.

2단 완성

18. 16과 같은 방법으로 하나씩 차례대로 엮습니다.

19. 이렇게 한 구멍에 2개씩 넣고 하나씩 엮어주면 원이 커집니다.

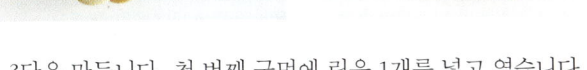

20. 이제 3단을 만듭니다. 첫 번째 구멍에 링을 1개를 넣고 엮습니다.

21. 두 번째 구멍에 링을 2개 넣고 하나씩 차례대로 엮습니다.

22. 세 번째 구멍에는 링을 1개 넣고 엮습니다.

23. 네 번째 구멍에는 링을 2개 넣고 하나씩 차례대로 엮습니다.

24. 3단: 1→2→1→2 규칙으로 링을 늘려서 원을 넓혀줍니다.

25. 4단은 구멍 하나에 링을 1개씩 넣고 엮습니다.

26. 4단 완성 모습입니다.

27. 5단: 첫 번째 구멍에 링 1개를 넣고 엮습니다.

28. 두 번째 구멍에 링을 2개 넣고 엮습니다.

29. 세 번째 구멍은 링을 1개 넣고 엮습니다.

30. 네 번째 구멍은 링을 2개 넣고 엮습니다.

5단 완성

링의 개수

0단: 4줄 링(원의 중심)

1단: 원형 뜨기(7개)

2단: 구멍 하나에 링 2개씩 넣고 엮기

3단: 1→2→1→2 규칙으로 늘려주기

4단: 구멍 하나에 링 1개씩 넣고 엮기

5단: 1→2→1→2 규칙으로 늘려주기

31. 5단: 1→2→1→2 규칙으로 링을 늘려서 원을 넓혀줍니다.

more tip
링을 늘릴 때 주의할 점

원을 크게 만들려면 링의 개수를 늘려야 하는데 계속 2개씩 늘리면 너무 많이 늘어나서 원단이 평평하지 않고 구불구불 울게 됩니다. 자연스럽게 늘려주기 위해서 3, 5단에서 1→2→1→2 규칙으로 링을 늘리고 4, 6단은 늘리지 않았습니다. 단마다 규칙을 바꾸는 이유는 한군데서만 링이 늘어나지 않고 고르게 늘어나 원을 부드럽게 만들기 위해서입니다. 하지만 링을 늘리는 규칙이 항상 일정한 것은 아닙니다. 양말목의 굵기와 크기에 따라서 규칙이 바뀔 수 있어요. 예를 들어서 등산 양말의 양말목은 굵고 작습니다. 여름 양말의 양말목은 얇고 큽니다. 어른 양말은 양말목이 크고 아이 양말은 작습니다. 양말목은 여러 종류의 양말목이 한꺼번에 섞여서 제공되기 때문에 그 특성을 고려해야 합니다. 굵고 크기가 작은 양말목은 엮었을 때 짜임이 단단해지고, 얇고 크기가 큰 양말목은 짜임이 느슨합니다. 특히 원형 뜨기처럼 단마다 링을 늘려서 면적을 키워야 한다면 앞에서 다룬 수치를 그대로 대입하지 말고 양말목의 상태에 따라서 변화를 주세요. 엮고 있는 편물을 평평한 곳에 펼치고 상태를 보면서 단계별로 링을 늘리는 규칙을 정합니다.

오각 뜨기

원형 뜨기와 동일하게 직조하는데 다만, 각을 적용할 곳을 정해 링을 2개씩 추가합니다. 이때 단이 바뀌더라도 같은 위치에서 링을 2개씩 추가해야 각이 생깁니다. 여기서는 오각형을 만들기 위해 링 5개로 시작했습니다. 모두 각을 적용할 곳이에요. 5단으로 오각형을 만들고 마무리하는 과정을 따라 해 보겠습니다. 매트나 바구니의 바닥면으로 활용합니다.

· **준비물** 양말목 78개

2단 완성

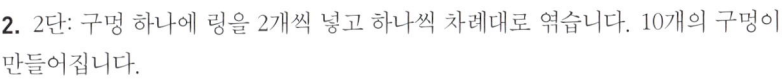

1. 4줄 링(원의 중심) 안에 링을 5개 넣고 하나씩 차례대로 엮습니다. 왼손으로 원 중심을 잡습니다.

◎ 원형 뜨기 : 027쪽

2. 2단: 구멍 하나에 링을 2개씩 넣고 하나씩 차례대로 엮습니다. 10개의 구멍이 만들어집니다.

3. 3단: 첫 번째 구멍에 링을 2개 넣고 하나씩 차례대로 엮습니다.

4. 두 번째 구멍에 링을 1개 넣고 엮습니다.

5. 세 번째 구멍에 링을 2개 넣고 하나씩 차례대로 엮습니다.

6. 네 번째 구멍에 링을 1개 넣고 엮습니다.

7. 3단이 완성된 모습입니다.
3단 링의 개수 2→1→1→2→1→2→1→2→1

8. 4단: 첫 번째 구멍에 링을 2개 넣고 차례로 엮습니다. 같은 위치에서 링을 늘려 각을 만듭니다.

tip 원형 뜨기와 오각 뜨기에서 링을 늘릴 때 차이점 원형은 각이 없이 둥글게 떠야 하기 때문에 단마다 규칙을 바꿔서 전체적으로 고르게 링을 늘리고, 오각형은 단마다 같은 위치에 링을 2개씩 넣어서 각이 생기도록 합니다

9. 두 번째, 세 번째 구멍에 링을 1개씩 넣고 엮습니다.

10. 네 번째 구멍에 링을 2개 넣고 엮습니다. 3단에서 2개 늘려주었던 곳에서 똑같이 늘립니다.

11. 나머지 구멍은 링을 1개씩 넣고 엮습니다.

12. 4단이 완성된 모습입니다.
4단 링의 개수 2→1→1→2→1→1→2→1→1→2→1→1→2→1→1

13. 5단: 첫 번째 구멍에 링을 2개 넣고 엮습니다. 4단에서 2개 늘려주었던 곳만 똑같이 늘리고 나머지 구멍은 링을 1개씩 넣고 엮습니다.

5단 링의 개수 2→1→1→1→2→1→1→1→2→1→1→1→2→1→1→1→2→1→1→1

5단 완성

링의 개수

0단: 4줄 링(원의 중심)

1단 : 원형 뜨기(5개)

2단: 구멍 하나에 링 2개씩 넣고 엮기

3단: 2→1→2→1→2→1→2→1→2→1

4단: 2→1→1→2→1→1→2→1→1→2→1→1→2→1→1

5단: 2→1→1→1→2→1→1→1→2→1→1→1→2→1→1→1→2→1→1→1

육각 뜨기

원형 뜨기로 편물을 만들 되, 오각 뜨기처럼 링을 늘리는 위치(여섯 군데)를 정해 단을 올릴 때마다 같은 위치에서 링을 늘립니다. 화분 받침이나 바구니의 바닥으로 활용됩니다.

• **준비물** 양말목 61개

1. 4줄 링(원의 중심) 안에 링을 6개 넣고 하나씩 차례대로 엮습니다.

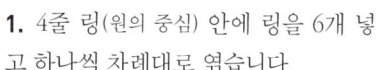 원형 뜨기 : 027쪽

2. 2단: 구멍 하나에 링을 2개씩 넣고 엮습니다.

2단 완성

3. 3단: 첫 번째 구멍에 링을 2개 넣고 하나씩 차례대로 엮습니다.

4. 두 번째 구멍에 링을 1개 넣고 엮습니다.

5. 세 번째 구멍에 링을 2개 넣고 하나씩 차례대로 엮습니다.

6. 네 번째 구멍에 링을 1개 넣고 엮습니다.

7. 3단이 완성된 모습입니다.
3단 링의 개수 2→1→2→1→2→1→2→1
→2→1→2→1

8. 4단: 첫 번째 구멍에 링을 2개 넣고 하나씩 차례대로 엮습니다.

9. 두 번째 구멍에 링을 1개 넣고 엮습니다.

10. 세 번째 구멍에 링을 1개 넣고 엮습니다.

11. 네 번째 구멍에 링을 2개 넣고 하나씩 차례대로 엮습니다. 3단에서 2개 늘려주었던 곳에서 똑같이 늘립니다.

12. 다섯 번째, 여섯 번째 구멍에는 링을 1개씩 넣고 엮습니다.

13. 일곱 번째 구멍에는 링을 2개 넣고 하나씩 차례대로 엮습니다.

14. 4단이 완성된 모습입니다.
4단 링의 개수 2→1→1→2→1→1→2→1
→1→2→1→1→2→1→1→2→1→1

링의 개수

0단: 4줄 링(원의 중심)

1단 : 원형 뜨기(6개)

2단: 구멍 하나에 링 2개씩 넣고 엮기

3단: 2→1→2→1→2→1→2→1→2→1→2→1

4단: 2→1→1→2→1→1→2→1→1→2→1→1→2→1→1→2→1→1

타원 뜨기

체인 뜨기로 중심에 직선을 만들고 원형 뜨기를 응용해 양쪽 끝을 둥글게 만듭니다. 직선과 곡선이 합쳐져 타원이 됩니다. 이때 양쪽 끝은 링을 일정하게 추가하고 나머지 구간은 한 구멍에 1개씩만 넣으면서 엮습니다. 주방 매트 등에 활용합니다.

- **준비물** 양말목 74개

- **진행 방향**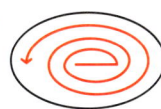

1. 8개의 링으로 체인 뜨기 합니다.

♾ 체인 뜨기 : 018쪽

2. 오른쪽 끝 체인에 새로운 링 3개를 통과시킵니다.

3. 통과시킨 링 3개를 위를 향하도록 각각 반으로 접습니다.

4. 오른쪽 첫 번째 링에 손가락을 넣습니다.

5. 손가락을 자기 몸쪽으로 한 바퀴 돌려서 꼬아 줍니다.

6. 꼬인 링에 엄지손가락을 넣고 옆에 링을 잡고 빼냅니다.

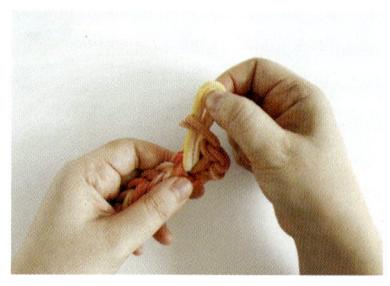

위에서 본 모습

7. 6의 링에 손가락을 넣고 남은 링을 잡고 빼냅니다. 타원의 곡선 부분을 만들었습니다.

8. 두 번째 체인부터 왼쪽 끝 체인 전까지 구멍 하나에 링을 1개씩 넣습니다.

9. 위를 향하도록 8의 링들을 접고 차례대로 모두 엮습니다.

10. 곡선을 만들기 위해 왼쪽 끝 체인에는 링을 3개 넣고 하나씩 차례대로 엮습니다.

1단 완성

11. 다음 체인부터 링을 1개씩 넣고 하나씩 차례대로 엮어 1단을 완성합니다.

2단 시작

12. 이제 2단을 만듭니다. 2~7 과정을 참고해 첫 번째 구멍에 링을 2개 넣고 엮습니다.

tip 링을 늘리는 이유는 코를 늘려 자연스러운 곡선을 만들기 위해서입니다.

13. 그다음 구멍도 링을 2개 넣고 하나씩 차례대로 엮습니다.

14. 반대쪽 끝부분 같은 위치에 미리 링을 2개씩 넣습니다.

15. 나머지 타원 옆면 구멍에 링을 1개씩 넣고 차례로 모두 엮습니다.

  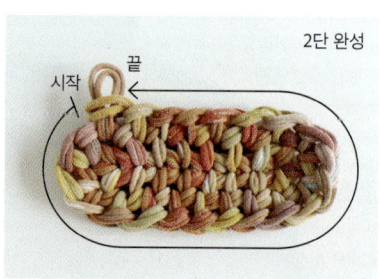

16. 14에서 미리 2개씩 넣었던 곳도 엮습니다.

17. 다시 타원의 옆면 구멍에 링을 1개씩 넣고 엮습니다.

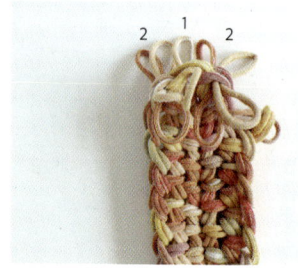 

18. 곡선 구간 3단 첫 번째 구멍에 2개, 2번째 구멍에 1개, 3번째 구멍에 2개를 넣고 엮습니다.

19. 옆면은 구멍 하나에 링을 1개씩 넣고 엮습니다.

20. 반대쪽 끝 곡선 구간에 와서 18과 같이 첫 번째 구멍에 2개, 2번째 구멍에 1개, 3번째 구멍에 2개를 넣고 엮습니다.

tip 양쪽 끝, 같은 위치에 같은 개수로 링을 추가합니다.

3단 타원 완성

21. 옆면은 구멍 하나에 링을 1개씩 넣고 엮습니다.

tip 곡선의 경사가 급하면 링을 2개 이상 추가하고 경사가 완만해지면 링을 1개만 추가해서 경사를 조절합니다.

링의 개수

0단: 체인 뜨기(8개)

1난 : 3→구멍 하니에 링 1개씩 넣고 엮기(엮면) → 3→ 구멍 하나에 링 1개씩 넣고 엮기(옆면)

2단: 2→2→ 구멍에 링 1개씩 넣고 엮기(옆면)→2→2→ 구멍에 링 1개씩 넣고 엮기(옆면)

3단: 2→1→2→옆면 구멍에 링 1개씩 넣고 엮기(옆면)→2→1→2→ 구멍에 링 1개씩 넣고 엮기(옆면)

도넛 뜨기

원형 뜨기와 거의 비슷하지만 처음 시작할 때 2줄 링으로 하는 것이 다릅니다. 그 이유는 가운데 구멍을 크게 만들기 위해서예요. 더 큰 구멍의 도넛을 만들려면 링을 꼬지 않고 그대로 둔 상태로 엮습니다. 리스 틀이나 티슈 케이스, 비닐 주머니의 구멍을 만들 때 활용합니다.

· **준비물** 양말목 37개

1. 링 하나를 준비합니다.

2. '8'자 모양으로 꼬아줍니다.

3. 반을 접어서 2줄 링을 만듭니다.

4. 2줄 링 안에 2개의 링을 넣습니다.

5. 넣은 2개의 링을 위를 향하게 접습니다.

6. 오른쪽 링에 손가락을 넣습니다.

7. 자기 몸쪽으로 한 바퀴 꼬아 줍니다.

8. 꼬아 준 링에 엄지손가락을 넣고 남은 링을 잡고 빼냅니다.

9. 다시 2줄 링 안에 링을 넣어서 위를 향하도록 접고 엮습니다.

10. 반복해서 2줄 링 안에 링을 넣어서 엮습니다.

1단 완성
끝
시작

11. 총 12개의 링을 넣고 엮어 1단을 완성합니다.

12. 첫 번째 구멍에 링을 2개 넣고 엮습니다.

2단 완성
끝
시작

13. 계속해서 구멍 하나에 링을 2개씩 넣고 엮습니다.

하트 뜨기

원형 뜨기의 변형으로 1단은 원형 뜨기와 같고 2단부터 단마다 진행 방향을 바꿔주며 엮습니다. 하트의 둥근 부분은 링을 추가해서 늘려주고, 하트의 아래 뾰족한 부분은 같은 곳을 늘려서 각을 만들면 됩니다.

· **준비물** 양말목 53개

· **진행 방향**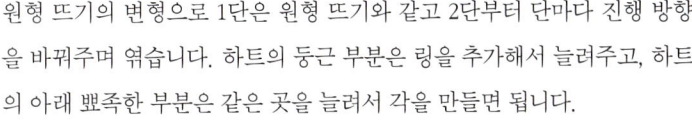

1. 4줄 링(원의 중심) 안에 링을 7개 넣고 엮습니다.

◎◎ 원형 뜨기 : 027쪽

2. 진행 방향을 바꾸기 위해 편물을 뒤집어줍니다.

2단 완성

3. 구멍 하나에 링을 2개씩 넣고 엮습니다.

4. 진행 방향을 바꾸기 위해 편물을 뒤집어줍니다.

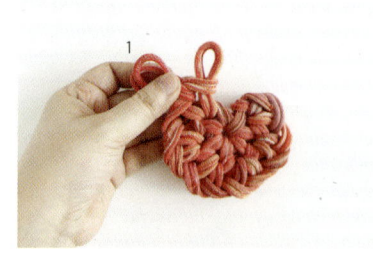

5. 첫 번째 구멍에 링을 1개 넣고 엮습니다.

6. 두 번째 구멍에 링을 2개 넣고 엮습니다.

7. 오른쪽 같은 위치에도 미리 1개, 2개를 넣습니다.

2: 하트 아랫부분

2: 하트 아랫 부분

8. 하트의 정 가운데 아랫부분에도 미리 2개를 넣습니다.

9. 나머지 구멍에는 링을 1개씩 넣고 차례대로 엮어줍니다.

10. 미리 넣어놨던 링들도 차례차례 엮습니다.

3단 완성

11. 진행 방향을 바꾸기 위해 편물을 뒤집어 줍니다.

12. 첫 번째 구멍에 링을 1개 넣고 엮습니다.

13. 두 번째 구멍에 링 2개를 넣고 엮습니다.

14. 오른쪽 같은 위치에도 미리 1개, 2개를 넣습니다.

15. 하트의 아랫부분에도 미리 2개를 넣습니다. 이전 단과 같은 곳을 반복해서 늘려주면 각이 생기게 되어 하트의 뾰족한 부분을 표현할 수 있습니다.

16. 나머지 구멍에는 1개씩 넣고 엮습니다.

4단 완성

링의 개수

0단: 4줄 링(원의 중심)

1단: 원형 뜨기(7개)

2단: 구멍 하나에 링 2개씩 넣고 엮기

3단: 1→2→1→1→1→2→1→1→1→2→1

4단: 1→2→1→1→1→1→1→2→1→1→1→1→1→1→2→1

이랑 뜨기

원형 뜨기의 변형된 형태로, 4개의 줄로 이루어진 체인에서 2개의 줄에만 새로운 링을 통과시켜 엮는 기법입니다. 원형 뜨기보다 성글게 떠지고 짜임의 모양이 독특하며 앞면과 뒷면의 모양이 다른 것이 특징입니다. 바구니를 만들 때 옆면을 올리기 위해 많이 사용하고 원형 러그 만들 때 사용하면 색다른 느낌의 짜임을 볼 수 있습니다. 여기서는 1단은 원형 뜨기로 엮고 2단부터 이랑 뜨기로 엮습니다.

· **준비물** 양말목 23개

1. 4줄 링(원의 중심) 안에 링 7개를 넣고 엮습니다.

♾ 원형 뜨기 : 027쪽

하나의 체인

2. 원형 뜨기 한 편물을 세워서 윗면을 봅니다. 체인이 양쪽에 2줄씩 총 4개의 줄로 되어 있는 것을 볼 수 있습니다.

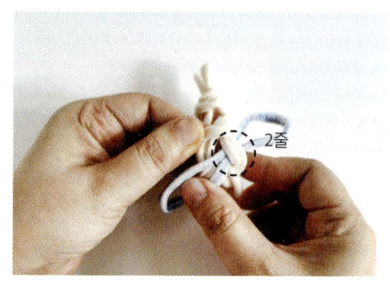

2줄

3. 체인의 링을 반으로 나누어 한쪽(2줄)에만 링을 넣어줍니다.

tip 원형 뜨기에서는 4개의 줄을 모두 통과시킵니다.

링이 2줄에만 걸린 모습

4. 링을 반으로 접습니다.

5. 오른쪽의 링에 손가락을 넣고 4의 링을 잡아 빼냅니다.

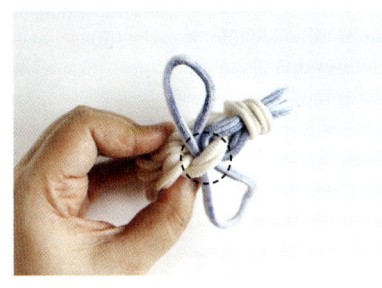  앞모습  뒷모습

링이 걸리지
않은 부분

6. 첫 번째 구멍에 링을 1개 더 넣고 엮습니다.

7. 두 번째 구멍도 3과 같은 방법으로 한쪽(2줄)에만 링을 넣고 엮습니다.

8. 두 번째 구멍에 새로운 링 하나를
더 넣고 엮습니다.

앞모습 뒷모습

링이 걸리지
않은 부분

왼쪽 오른쪽 번갈아 링을 걸어 엮은 경우

9. 원형 뜨기의 링을 늘리는 규칙과 동일하게 구멍 하나에 링을 2개씩 넣고 엮습니다.

tip 이때 체인의 왼쪽이면 왼쪽, 오른쪽이면 오른쪽. 한쪽만 반복해서 걸어야 합니다. 오른쪽에 걸었다가 왼쪽에 걸었다가 하면 이랑 뜨기 특유의 고른 선이 생기지 않고 울퉁불퉁하게 만들어집니다.

10. 체인의 오른쪽만 계속 링을 걸어서 2단까지 이랑 뜨기 합니다.

11. 링을 걸지 않은 뒷면은 다른 무늬가 만들어집니다.

앞모습

뒷모습

이랑뜨기　　　기본원형뜨기

이랑뜨기　　　기본원형뜨기

tip 앞모습은 비슷하지만 뒷모습은 확연히 다릅니다. 반쪽만 뜨기 때문에 느슨한 정도도 다릅니다.

링의 개수

0단: 4줄 링(원의 중심)

1단 : 원형 뜨기(7개)

2단: 구멍 하나에 링 2개씩 넣고 엮기

마무리하기

편물을 만들고 마무리하는 방법으로 링을 숨기는 방법과 리본으로 묶는 방법이 있습니다.

○ 숨기는 법

1. 마지막 구멍에 링을 넣고 위를 향해 접을 때, 뒤에 있는 링만 엮습니다.

2. 엮지 않은 앞쪽 링을 1의 구멍 안으로 넣어서 빼냅니다.

3. 빼낸 링을 길게 당깁니다.

4. 길게 빼낸 링을 편물 안에 숨겨 표시가 안 나도록 합니다.

5. 숨겨진 모습입니다.

○ **리본으로 묶는 법**

1. 마지막 구멍에 링을 넣고 위를 향해 접을 때, 뒤에 있는 링만 엮습니다.

2. 양쪽을 2번 묶어서 리본 모양이 되게 합니다.

레이스 매듭

마무리 고리를 만들거나, 숨길 때, 또는 링을 길게 연결할 때 쓰는 매듭입니다. 마크라메에서 레이스 매듭이라고 부르는 것을 참고해 이름을 붙여봤어요. 레이스 (lace)는 끈으로 묶는다는 뜻으로 고리와 고리를 연결한다는 말입니다. 링을 2개 준비하고 편의상 번호를 붙여 설명합니다.

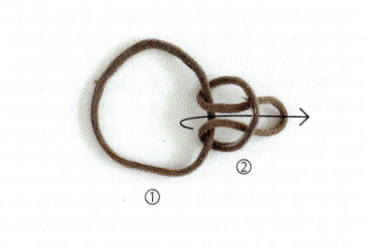

1. 링을 2개 준비하고 ① 아래에 ②를 살짝 겹쳐 놓습니다.

2. ②를 ① 안으로 넣었다가 다시 ② 안에 넣어서 빼냅니다.

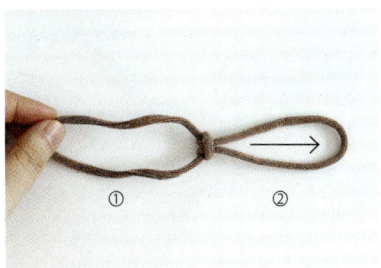

3. ②를 화살표 방향으로 당기면 두 개의 링이 서로 연결됩니다.

4. 새로운 링을 계속 반복해서 연결해서 긴 줄을 만들 수 있습니다.

Basic 2

양 말 목 공 예 의 활 용

패턴 알아보기

양말목 링의 색상을 다양하게 배치해 패턴 만드는 방법을 알아
봅니다. 직조 틀에 링을 배치하는 순서에 따라서 블록체크, 스
트라이프, 크로스풋체크, 퍼즐, 라인, 무지개, 계단, 헤어라인
등 여러 가지 패턴을 만들 수 있습니다. 가로, 세로 색깔 순서
를 유의하여 따라 해 보세요. 또한 016쪽에서 만든 기본 모양들
에 색상을 다르게 배치하면 체커 보드, 사선, 네잎클로버, 라인,
별, 조각, 회오리, 플라워 스타 등을 만들어 변화를 줄 수 있습
니다. 어느 부분에서 색을 바꿔야 하는지 생각하면서 따라 해
보세요.

블록체크 뜨기

| 평직 |

세로줄은 모두 ①번 색, 가로줄은 모두 ②번 색으로 배열하여 세로줄과 가로줄을 각각 1세트(2줄)씩 번갈아 직조합니다. 2가지 색이 바둑판의 눈처럼 번갈아 놓여 있는 무늬입니다.

• **준비물** 직조 틀, 양말목 빨간색(①번) 10개, 노란색(②번) 10개

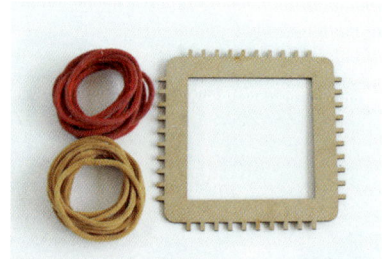

1. 2가지 색상 양말목 링을 준비합니다.

2. 직조 틀에 ①번 색상 링을 세로로 모두 걸어줍니다.

3. ②번 색상 링을 가로로 2줄씩 위아래로 직조합니다.

∞ 컵 받침 : 124쪽

스트라이프 뜨기

| 평직 |

2가지 색상 양말목 링을 1세트(2줄)씩 교대로 배열하면 줄무늬가 만들어집니다. 색의 순서를 세로줄과 가로줄을 같게 하거나 다르게 하면 세로줄 무늬 또는 가로줄 무늬가 나옵니다.

• **준비물** 직조 틀, 양말목 빨간색(①번) 10개, 노란색(②번) 10개

1. 2가지 색상 양말목 링을 준비합니다.

2. 직조 틀에 링을 ①②①②①②①②①② 순서에 맞게 2줄씩 세로로 걸어 줍니다.

3. 2에 링을 ②①②①②①②①②① 순서에 맞게 2줄씩 위아래로 직조합니다.
tip 가로와 세로의 실 순서를 반대로 합니다.

4. 062쪽의 6번부터 17번까지 과정을 따라해서 완성합니다.
◎◎ 컵 받침 : 124쪽

tip 가로와 세로 링의 순서가 같으면 세로줄이 나오고 다르면 가로줄이 나옵니다.

크로스풋 체크 뜨기

| 평직 |

2가지 색 링을 가로, 세로 방향으로 각각 2세트(4줄)씩 배열하여 직조합니다. 까마귀 발자국 모양을 닮았다고 해서 '크로스풋(CROWS FOOT) 체크'라고 합니다.

- **준비물** 직조 틀, 양말목 흰색(①번) 12개, 빨간색(②번) 8개

1. 2가지 색상 양말목 링을 준비합니다.

2. 직조 틀에 링을 ①①②②①①②②①① 순서에 맞게 세로로 걸어줍니다.

3. 직조 틀에 링을 ①①②②①①②②①① 순서에 맞게 가로로 직조합니다.

4. 062쪽의 6~17 과정을 따라 해 완성합니다.

◎ 컵 받침 : 124쪽

퍼즐 뜨기

| 평직 |

2가지 이상의 색상 양말목 링을 준비하여 순서에 맞게 엮으면 퍼즐 조각 모양의 무늬가 만들어집니다.

- **준비물** 직조 틀, 양말목 카키색(①번) 8개, 살구색(②번) 8개, 흰색(③번) 4개

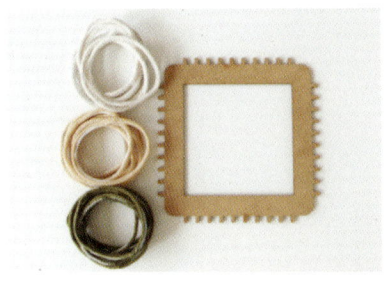

1. 3가지 색상 양말목 링을 준비합니다. ①번 색상은 진한 색상, ②, ③번의 색상은 같거나 비슷한 연한 색상을 준비합니다.

2. 직조 틀에 링을 ①②③②①①②③②① 순서에 맞게 세로로 걸어줍니다.

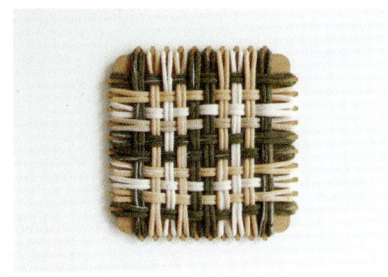

3. 직조 틀에 링을 ①②③②①①②③②① 순서에 맞게 가로로 1세트(2줄)씩 위아래로 직조합니다.

4. 062쪽의 6~17 과정을 따라 해 완성합니다.

◎◎ 컵 받침 : 124쪽

라인 뜨기

| 평직 |

2가지 색상 양말목 링으로 아래의 규칙에 맞게 엮으면 짧은 선들이 이리 저리 방향을 달리하여 만들어집니다.

- **준비물** 직조 틀, 양말목 남색(①번) 14개, 흰색(②번) 6개

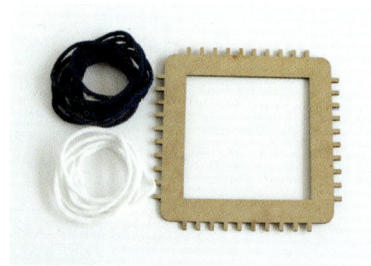

1. 2가지 색상 양말목 링을 준비합니다.

2. 직조 틀에 링을 ①②①①②①②①①①① 순서에 맞게 세로로 걸어줍니다.

3. 직조 틀에 링을 ①②③②①①②③②① 순서에 맞게 1세트(2줄)씩 위아래로 직조합니다.

4. 062쪽의 6~17 과정을 따라 해 완성합니다.
◎◎ 컵 받침 : 124쪽

무지개 뜨기

| 평직 |

여러 가지 색상의 링을 세로로 걸고, 1가지 색상의 링을 가로로 걸어 직조합니다. 가로줄 색상을 달리하면 느낌이 달라집니다.

· **준비물** 직조 틀, 양말목 무지개색(①번) 10개, 흰색 또는 검은색(②번) 10개

1. 10가지 색상 양말목 링을 준비합니다.

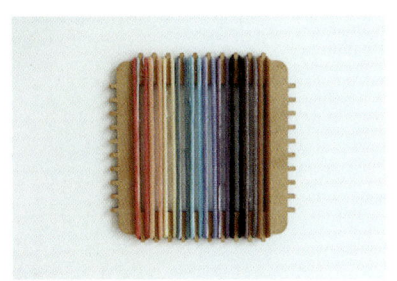

2. 직조 틀에 10개의 다른 색 링을 세로로 걸어줍니다.

3. 2에 흰색 또는 검은색 링 10개를 가로로 직조합니다.

4. 바탕색을 어떻게 하는가에 따라서 다른 느낌을 줍니다.
⊛ 컵 받침 : 124쪽

계단 뜨기

| 능직 |

색이 서로 다른 2개의 링을 하나씩 번갈아 세로로 걸고, 가로줄도 하나씩 번갈아 직조합니다. 단, 직조할 때는 2세트(4줄)씩 간격을 둡니다.

• **준비물** 직조 틀, 양말목 빨간색(①번) 10개, 분홍색(②번) 10개

1. 2가지 색상 양말목 링을 준비합니다.

2. 색이 서로 다른 2개의 링을 하나씩 번갈아 ①②①②①②①② 순서에 맞게 세로로 걸어줍니다.

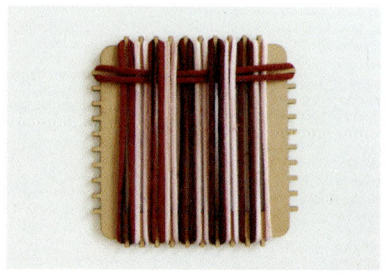

3. 직조 틀에 빨간색 링(①)을 2세트 (4줄)씩 위아래로 직조합니다.

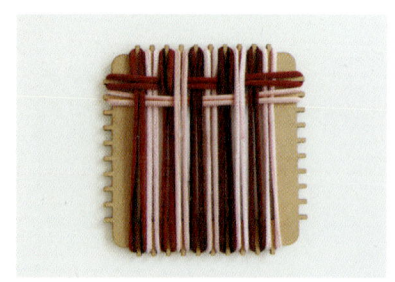

4. 분홍색 링(②)을 1세트는 아래로, 이후에는 2세트(4줄)씩 위아래로 직조합니다.

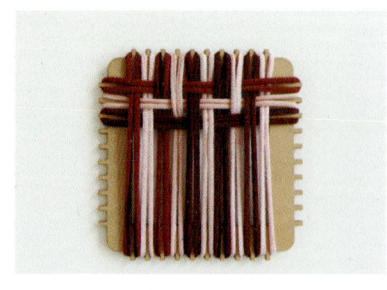

5. 빨간색 링(①)을 2세트(4줄)씩 아래 위로 직조합니다.

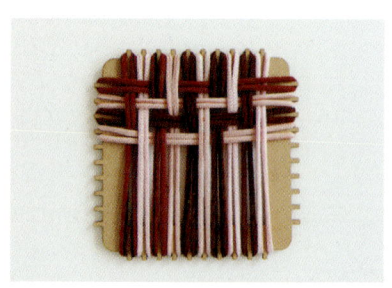

6. 분홍색 링(②) 1세트를 위로 넣어 엮고, 이후에는 2세트(4줄)씩 아래위로 직조합니다.

7. 빨간색 링(①)을 2세트(4줄)씩 위아래로 직조합니다.

8. 분홍색 링(②)을 1세트는 아래로, 이후에는 2세트(4줄)씩 위아래로 직조합니다.

9. 빨간색 링(①)을 2세트(4줄)씩 아래위로 직조합니다.

10. 분홍색 링(②)으로 1세트는 위로, 이후에는 2세트(4줄)씩 아래위로 직조합니다.

11. 빨간색 링(①)을 2세트(4줄)씩 위아래로 직조합니다.

12. 분홍색 링(②)을 1세트는 아래로, 이후에는 2세트(4줄)씩 위아래로 직조합니다.

13. 062쪽의 6~17 과정을 따라 해 완성합니다.

ⓐⓞ 컵 받침 : 124쪽

헤어라인 뜨기

| 능직 |

진한 색과 연한 색 링 2세트(4줄)를 교대로 배열해 만드는 줄무늬입니다. 머리카락을 닮았다 하여 헤어라인 직조라고 합니다.

- **준비물** 직조 틀, 세로 줄무늬 – 양말목 빨간색(①번) 12개, 분홍색(②번) 8개
  가로 줄무늬 – 양말목 빨간색(①번) 10개, 분홍색(②번) 10개

1. 2가지 색상 양말목 링을 준비합니다.

2. 직조 틀에 링을 ①①②②①①②② ①① 순서에 맞게 세로로 걸어줍니다.

3. 직조 틀에 빨간색 링(①)을 2세트 (4줄)씩 위아래로 직조합니다.

4. 빨간색 링(①)을 1세트는 아래로, 이후에는 2세트(4줄)씩 위아래로 직조 합니다.

5. 분홍색 링(②)을 2세트(4줄)씩 아래 위로 직조합니다.

6. 분홍색 링(②)을 1세트는 위로, 이후에는 2세트(4줄)씩 아래위로 직조합니다.

7. 빨간색 링(①)을 2세트(4줄)씩 위아래로 직조합니다.

8. 빨간색 링(①)을 1세트는 아래로, 이후에는 2세트(4줄)씩 위아래로 직조합니다.

9. 분홍색 링(②)을 2세트(4줄)씩 아래위로 직조합니다.

10. 분홍색 링(②)을 1세트는 위로, 이후에는 2세트(4줄)씩 아래위로 직조합니다.

11. 빨간색 링(①)을 2세트(4줄)씩 위아래로 직조합니다.

12. 빨간색 링(①)을 1세트는 아래로, 이후에는 2세트(4줄)씩 위아래로 직조합니다.

헤어라인 세로 줄무늬

헤어라인 가로 줄무늬

13. 062쪽의 6~17 과정을 따라 해 완성합니다.

◉◉ 컵 받침 :124쪽

14. 가로 줄무늬를 만들기 위해 링을 ①①②②①①②②① 순서에 맞게 세로로 걸고, 다시 ②②①①②②①①②② 순서에 맞게 가로로 직조합니다.

체커보드 뜨기

사각 뜨기로, 2가지 색상 링을 같은 개수로 번갈아 직조하여 체커 보드 패턴을 만듭니다. 발 매트, 방석 등을 만들 때 활용합니다.

- **준비물** 양말목 흰색 277개, 하늘색 277개

1. 0단: 1번 색상과 2번 색상을 ①①① ①②②②②①①①①②②②②①①① ①②②② 순서에 맞게 4개씩 번갈아 가며 체인 뜨기 합니다.

♾ 체인 뜨기 : 018쪽

2. 1단: 각각의 구멍에 구멍과 색이 같은 링을 한 개씩 넣습니다.

3. 각각의 링을 위를 향하게 접고, 오른쪽 링에 손가락을 넣은 다음 자기 몸쪽으로 한 바퀴 돌려서 꼬아줍니다. 처음 시작하는 기둥의 링만 꼬아주고 다음부터는 꼬지 않습니다.

4. 꼬아 준 링에 엄지손가락을 넣습니다.

5. 옆에 있던 링을 잡고 그대로 빼냅니다.

1단 완성

6. 엮어준 모습입니다.

7. 맨 왼쪽 구멍까지 엮습니다.

8. 편물의 방향이 반대로 가도록 뒤집습니다.

9. 2단: 첫 번째 구멍에 구멍과 색이 같은 링을 넣습니다.

10. 9에서 넣은 링이 위를 향하게 접고 이전 링에 손가락을 넣습니다.

11. 새로 넣은 링을 잡고 빼냅니다.

2단 완성

12. 10~11와 같은 방법으로 엮다가 구멍 색이 바뀌면 그것과 색이 같은 링을 넣고 엮습니다.

13. 맨 왼쪽 구멍까지 엮습니다.

14. 다시 편물을 뒤집어서 방향을 바꿔줍니다.

15. 3단: 9~13과 같은 방법으로 구멍과 같은 색의 링을 넣고 엮습니다.

∞ 사각 뜨기 : 020쪽

3단 완성

16. 다시 편물을 뒤집어서 방향을 바꿔줍니다.

17. 4단: 3단까지 같은 색 링을 넣었다면 4단부터는 구멍과 다른 색 링을 넣고 엮습니다.

4단 완성

18. 맨 왼쪽 구멍까지 엮어줍니다.

19. 5단: 편물의 방향이 반대로 가도록 뒤집고 구멍과 같은 색 링을 넣고 엮습니다.

5단 완성

7단 완성

20. 7단까지 엮은 모습입니다. 4단씩 색을 번갈아가며 엮으면 체크무늬가 완성됩니다.

21. 리본으로 마무리 합니다.

 마무리하기 : 054쪽

사선 뜨기

사각 뜨기로 만들되 2단을 올릴 때마다 ①번 색상 하나를 줄이고 ②번 색상 하나를 늘립니다. 이렇게 색을 하나씩 바꿔주면 무늬가 사선으로 만들어집니다.

• **준비물** 양말목 겨자색(①번) 247개, 초록색(②번) 196개, 빨간색(③번) 259개

1. 0단: 겨자색 링 26개를 체인뜨기 합니다.

✇ 체인 뜨기 : 018쪽

2. 1단: 구멍 하나에 링을 한 개씩 넣고 엮습니다.

✇ 사각 뜨기 : 020쪽

1단 완성

3. 이때, 맨 마지막 구멍은 초록색 링을 1개 넣고 엮습니다.

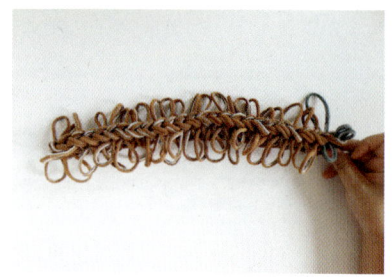

4. 편물의 방향이 반대로 가도록 뒤집어줍니다.

5. 2단: 첫 번째 구멍에 초록색 링 1개를 넣고 엮습니다.

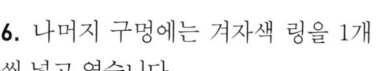

6. 나머지 구멍에는 겨자색 링을 1개씩 넣고 엮습니다.

7. 3단: 편물의 방향을 바꾸고 겨자색 링을 1개씩 넣고 엮다가 끝에서 1, 2번째 구멍에 초록색 링을 1개씩 넣고 엮습니다.

8. 4단: 편물의 방향을 바꾸고 1, 2번째 구멍에 초록색 링을 1개씩 넣고, 나머지는 겨자색 링을 1개씩 넣고 엮습니다.

9. 5단: 편물의 방향을 바꾸고 겨자색 링을 1개씩 넣고 엮다가 끝에 1, 2, 3번 구멍에 초록색 링을 1개씩 넣고 엮습니다.

10. 6단: 편물의 방향을 바꾸고 1, 2, 3번 구멍에 초록색 링을 1개씩 넣고, 나머지는 겨자색 링을 1개씩 넣고 엮습니다.

11. 7단: 편물의 방향을 바꾸고 겨자색 링을 1개씩 넣고 엮다가 끝에 1, 2, 3, 4번 구멍에 초록색 링을 1개씩 넣고 엮습니다.

8단 완성

12. 8단: 편물의 방향을 바꾸고 1, 2, 3, 4번 구멍에 초록색 링을 1개씩 넣고, 나머지는 겨자색 링을 1개씩 넣고 엮습니다.

9단 완성

13. 9단: 편물의 방향을 바꾸고 겨자색 링을 1개씩 넣고 엮다가, 끝에 1, 2, 3, 4, 5번 구멍에 초록색 링을 1개씩 넣고 엮습니다.

10단 완성

14. 10단: 편물의 방향을 바꾸고 1, 2, 3, 4, 5번 구멍에 초록색 링을 1개씩 넣고, 나머지는 겨자색 링을 1개씩 넣고 엮습니다.

11단 완성

15. 11단: 편물의 방향을 바꾸고 겨자색 1개씩 넣고 엮다가, 끝에 1, 2, 3, 4, 5, 6번 구멍에 초록색 링을 1개씩 넣고 엮습니다.

12단 완성

16. 12단: 편물의 방향을 바꾸고 1, 2, 3, 4, 5, 6번 구멍에 초록색 링을 1개씩 넣고, 나머지는 빨간색 링을 1개씩 넣고 엮습니다.

13단 완성

17. 13단: 편물의 방향을 바꾸고 빨간색 링을 1개씩 넣고 엮다가, 끝에 1, 2, 3, 4, 5, 6, 7번 구멍에 초록색 링을 1개씩 넣고 엮습니다.

18. 마지막 링을 한쪽만 엮어줍니다.

완성된 사선 뜨기

19. 양쪽을 2번 묶어서 리본 모양으로 마무리합니다.

〰️ 마무리하기 : 054쪽

네잎클로버 뜨기

원형 뜨기로 시작해 가운데에서 바깥쪽으로 단을 늘리는 그래니 스퀘어 방법으로 만듭니다. 단이 늘어날 때마다 네 모서리에 링을 2개씩 늘리는데, 이때 색을 흰색으로 합니다.

• **준비물** 양말목 흰색 94개, 초록색 268개

1. 4줄 링을 만듭니다.

◎◎ 원형뜨기 : 027쪽

2. 4줄 링 안에 흰색 링과 초록색 링을 같이 넣고 위를 향하도록 각각 접습니다.

3. 흰색 링에 손가락을 넣습니다.

4. 손가락을 자기 몸 쪽으로 한 바퀴 돌려서 꼬아줍니다.

5. 꼬아준 링에 엄지손가락을 넣고 초록색 링을 잡고 빼냅니다. 처음 시작하는 기둥의 링만 꼬아주고 다음부터는 꼬지 않습니다.

1단 완성

6. 5를 반복하여 4줄 링(원의 중심)에 총8개의 링을 순서를 번갈아가며 넣고 엮습니다.

7. 2단: 흰색 구멍에는 흰색 링을 2개 넣고, 초록색 구멍에는 초록색 링 1개를 넣고 엮습니다.

8. 같은 방법으로 흰색 구멍에 흰색 링 2개, 초록색 구멍에 초록색 링 1개를 넣고 엮습니다. 한 바퀴를 같은 규칙으로 넣고 엮습니다.

9. 3단: 첫 번째 흰색 구멍에 흰색 링을 2개 넣고 나머지 구멍에는 초록색 링 1개씩 넣은 링(총2개)을 모두 엮습니다.

10. 4단: 첫 번째 흰색 구멍에 흰색 링 2개를 넣고 나머지 구멍에는 초록색 링 1개(총3개)씩 넣은 링을 모두 엮습니다.

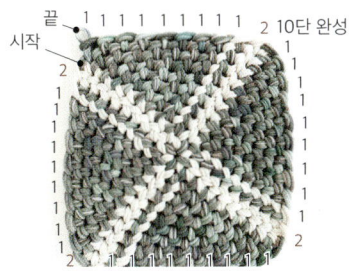

11. 5단: 첫 번째 흰색 구멍에 흰색 링 2개를 넣고 나머지 구멍에는 초록색 링 1개(총4개)씩 넣은 링을 모두 엮습니다.

12. 같은 방법으로 10단까지 만듭니다.

13. 11단: 모서리인 첫 번째 구멍에 흰색 링을 2개 넣고 엮습니다.

14. 나머지 직선 구간은 구멍 하나에 링을 1개씩 넣고 엮습니다.

15. 다시 모서리 부분에는 링을 2개 넣고 엮습니다.

16. 나머지 직선 구간은 구멍 하나에 링을 1개씩 넣고 엮습니다.

11단 완성

17. 13~14와 같은 방법으로 4면을 엮어 11단을 완성합니다.

18. 12단: 11단과 같이 모서리에는 링 2개, 나머지는 1개씩 넣고 엮습니다.

13단 완성

19. 13단: 시작하는 구멍에 링 1개만 넣고 한쪽만 엮습니다.

완성된 네잎클로버 매트 뜨기

20. 양쪽을 잡고 2번 묶어서 리본을 만듭니다.

〰 마무리하기 : 054쪽

별 라인
오각 뜨기

오각뜨기는 단마다 5곳의 같은 위치에서 링을 2개씩 늘려주는데, 늘려주는 곳의 색상을 다르게 하면 5개의 선이 생깁니다.

· **준비물**   양말목 빨간색 77개, 흰색 120개, 갈색 75개, 베이지색 85개, 초록색 105개

1. 4줄 링을 만듭니다.

〰️ 원형뜨기 : 027쪽

2. 4줄 링(원의 중심)안에 흰색 링 2개를 넣고 위를 향해 접습니다.

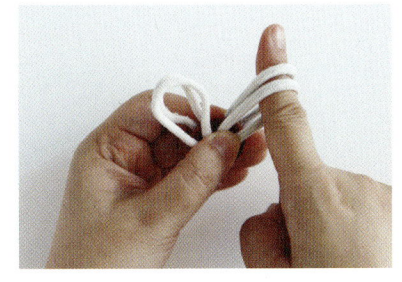

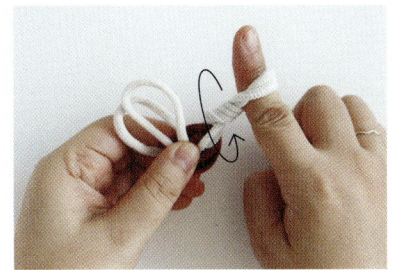

3. 오른쪽 첫 번째 링에 손가락을 넣고, 자기 몸 쪽으로 한 바퀴 꼬아 줍니다. 처음 시작하는 기둥의 링만 꼬아주고 다음부터는 꼬지 않습니다.

1단 완성

4. 꼬아 준 링에 엄지손가락을 넣고 옆의 링을 잡고 빼냅니다.

5. 4줄 링 안에 총 5개의 링을 넣고 엮습니다.

∞ 오각뜨기 : 033쪽

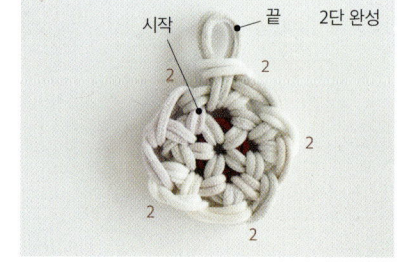

시작 끝 2단 완성

6. 2단: 구멍 하나에 흰색 링을 2개씩 넣고 엮습니다.

시작 끝 3단 완성

7. 3단: 첫 번째 구멍에 흰색 링 2개씩 넣고 두 번째 구멍에 빨간색 링 1개 넣고 엮습니다.

8. 7과 같은 규칙으로 한바퀴 엮습니다.

9. 4단: 첫 번째 구멍에 흰색 링을 2개씩 넣고 두 번째, 세 번째 구멍에 빨간색 링을 1개씩 넣고 엮습니다.

10. 9와 같은 규칙으로 한 바퀴 엮습니다.

11. 5단: 첫 번째 구멍에 흰색 링을 2개씩 넣고 두 번째, 세 번째, 네 번째 구멍에 빨간색 링을 1개씩 넣고 엮습니다.

12. 11과 같은 규칙으로 한 바퀴 엮습니다.

13. 6단: 첫 번째 구멍에 흰색 링 2개씩 넣고 두 번째, 세 번째, 네 번째, 다섯 번째 구멍에 빨간색 링 1개씩 넣고 엮습니다.

14. 13과 같은 규칙으로 한 바퀴 엮습니다.

15. 단 마다 빨간색 링을 넣는 구멍이 한 칸씩 늘어납니다.

16. 7~15와 같은 방법으로 12단까지 엮습니다.

17. 단이 시작하는 첫 번째 구멍에 링을 넣고 한쪽만 엮습니다.

18. 양쪽을 잡고 2번 묶어서 리본으로 만듭니다.

◎◎ 마무리하기 : 054쪽

완성된 별 라인 오각뜨기

별 오각 뜨기

오각뜨기와 동일하게 직조하는데, 링의 색상에 변화를 주어 별모양이 나오게 만드는 방법입니다. 별의 크기를 크게 하고 싶으면 별의 중심 부분의 단수를 늘려주면 됩니다. 책에서는 별의 중심 부분 단수가 3단입니다.

• **준비물**　양말목 겨자색 113개, 초록색 83개, 빨간색 85개, 연갈색 116개

1. 4줄 링을 만듭니다.
◎◎ 원형뜨기 : 027쪽

2. 4줄 링(원의 중심)안에 겨자색 링 2개를 넣고 위를 향해 접습니다.

3. 오른쪽 첫 번째 링에 손가락을 넣고, 자기 몸쪽으로 한 바퀴 꼬아 줍니다. 처음 시작하는 기둥의 링만 꼬아주고 다음부터는 꼬지 않습니다.

4. 꼬아 준 링에 엄지손가락을 넣고 옆의 링을 잡고 빼냅니다.

1단 완성

5. 4줄 링 안에 총 5개의 링을 넣고 4의 방법으로 링을 엮습니다.

🌀 오각뜨기 : 033쪽

시작 끝 2단 완성

6. 2단: 구멍 하나에 링을 2개씩 넣고 엮습니다.

7. 3단: 첫 번째 구멍에 링 2개 넣고 두 번째 구멍에 링 1개 넣고 엮습니다.

8. 7과 같은 방법으로 한 바퀴 엮습니다. 별의 중심 부분 완성.

tip 단수를 늘려서 크게 만들면 별도 커집니다.

9. 4: 첫 번째 구멍에 초록색 링 1개, 겨자색 링 1개를 같이 넣고, 두 번째, 세번째 구멍에 겨자색 링을 1개식 넣고 차례로 엮습니다.

10. 9와 같은 규칙으로 엮습니다.

11. 4단의 마지막 구멍은 링을 넣지 않고 그대로 엮습니다.

12. 4단의 마지막 구멍(모서리 이전 구멍)에 초록색 링을 1개 넣고, 5단의 첫 번째 구멍(초록색-모서리 구멍)에 초록색 링을 2개 넣고 엮습니다.

13. 5단의 두 번째, 세 번째 구멍에는 겨자색 링을 1개씩 넣고 엮습니다.

14. 네 번째 구멍(모서리 이전 구멍)에는 초록색 링을 1개 넣고 다섯 번째 구멍(모서리)에 초록색 링을 2개 넣고 엮습니다.

15. 12~13과 같은 규칙으로 엮습니다.

16. 5단의 끝에 2개의 구멍은 넣지 않고 나머지는 그대로 엮습니다.

17. 5단의 끝에 2개의 구멍에 초록색 링을 1개씩, 6단의 첫 번째 구멍에 초록색 링을 2개, 두 번째 구멍에 초록색 링 1개 넣고 엮습니다.

18. 6단의 세 번째 구멍에는 겨자색 링 1개, 네 번째, 다섯 번째 구멍에 초록색 링 1개씩, 여섯 번째 구멍에 초록색 링 2개, 일곱 번째 구멍에 초록색 링 1개 넣고 엮습니다.

19. 17~18과 같은 규칙으로 엮습니다.

20. 6단의 마지막 3개의 구멍에 초록색 링 1개씩 넣고 엮습니다.

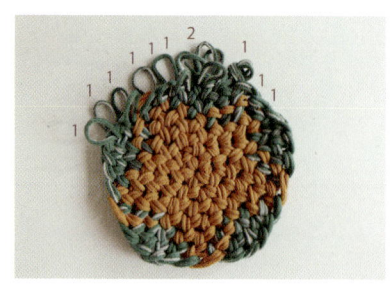 

21. 7단의 첫 번째 구멍에 초록색 링 2개를 넣고 두 번째~여섯 번째 구멍에 초록색 링 1개씩 넣고 엮습니다.

22. 21과 같이 각이 지는 부분만 2개씩, 나머지 구간은 구멍 하나에 링 1개씩 넣고 엮습니다.

∞ 오각뜨기 : 033쪽

7단 완성

23. 8단 첫 번째 구멍에 빨간색 링을 2개 넣고 엮습니다.

24. 두 번째~일곱 번째 구멍에 빨간색 링을 1개씩 넣고 엮습니다.

8단 완성

25. 23~24과 같이 각이 지는 부분만 링 2개씩, 나머지 구간은 구멍 하나에 링 1개씩 넣고 엮습니다.

26. 9단 첫 번째 구멍에 빨간색 링을 2개 넣고 엮습니다.

27. 두 번째~여덟 번째 구멍에 빨간색 링을 1개씩 넣고 엮습니다.

9단 완성

10단 완성

28. 26~27과 같이 각이 지는 부분만 링 2개씩, 나머지 구간은 구멍 하나에 링 1개씩 넣고 엮습니다.

29. 10단 첫 번째 구멍에 겨자색 링 2개, 두 번째~아홉 번째 구멍에 겨자색 링 1개씩 넣고 엮습니다.

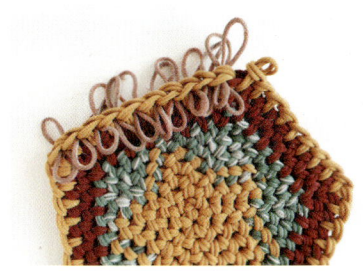

11단 완성

30. 28과 같이 각이 지는 부분만 링 2개씩, 나머지 구간은 구멍 하나에 링 1개씩 넣고 엮습니다.

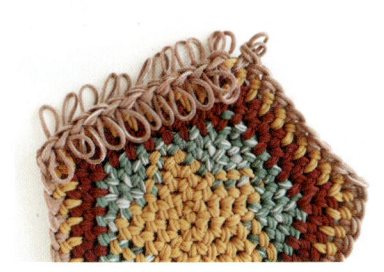

12단 완성

31. 30과 같은 규칙으로 엮습니다.

32. 12단 첫 번째 구멍에 링을 1개 넣고 한쪽만 엮습니다.

완성된 별 오각뜨기

33. 양쪽을 잡고 2번 묶어서 리본으로 만듭니다.

마무리하기 : 054쪽

34. 매트 완성

3조각 육각 뜨기

기본적으로 육각뜨기 방법으로 뜨는데, 3가지 색상으로 나누어 직조합니다.

- **준비물** 양말목 흰색 2개, 하늘색 38개, 파란색 38개, 남색 38개

1. 4줄 링을 만듭니다.
◎ 원형뜨기 : 027쪽

2. 4줄 링(원의 중심) 안에 하늘색 링 2개를 넣고 위를 향해 접습니다.

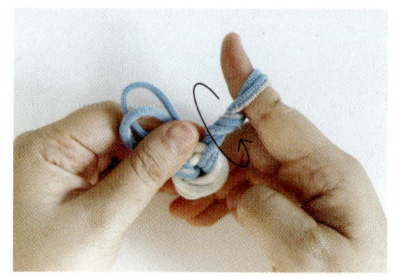

3. 오른쪽 첫 번째 링에 손가락을 넣고, 자기 몸쪽으로 한 바퀴 꼬아 줍니다. 처음 시작하는 기둥의 링만 꼬아주고 다음부터는 꼬지 않습니다.

4. 꼬아 준 링에 엄지손가락을 넣고 옆의 링을 잡고 빼냅니다.

5. 4줄 링 안에 파란색 링을 2개 넣고 엮습니다.

6. 4줄 링 안에 남색 링을 2개 넣고 엮습니다.

1단 완성

7. 2단: 구멍 하나에 링 2개씩 넣고 엮는데, 이때 구멍과 색이 같은 링을 넣고 엮습니다.

2단 완성

8. 3단: 하늘색 첫 번째 구멍에 링 2개, 두 번째 구멍에 링 1 개, 세 번째 구멍에 링 2개, 네 번째 구멍에 링 1개를 넣고 차례로 엮습니다. 이때 구멍과 색이 같은 링(하늘색)을 넣고 엮습니다.

9. 파란색 첫 번째 구멍에 링 2개, 두 번째 구멍에 링 1개, 세 번째 구멍에 링 2개, 네 번째 구멍에 링 1개를 넣고 차례로 엮습니다. 이때 구멍과 색이 같은 링(파란색)을 넣고 엮습니다.

10. 남색 첫 번째 구멍에 링 2개, 두 번째 구멍에 링 1개, 세 번째 구멍에 링 2개, 네 번째 구멍에 링 1개를 넣고 차례로 엮습니다. 이때 구멍과 색이 같은 링(남색)을 넣고 엮습니다.

11. 4단: 하늘색 첫 번째 구멍에 링 2개, 두 번째 구멍에 링 1개, 세 번째 구멍에 링 1개, 네 번째 구멍에 링 2개, 다섯 번째 구멍에 링 1개, 여섯 번째 구멍에 링 1개를 넣고 차례로 엮습니다. 이때 구멍과 색이 같은 링(하늘색)을 넣고 엮습니다.

12. 11과 같은 규칙으로 파란색 링을 넣고 엮습니다.

13. 11과 같은 규칙으로 남색 링을 넣고 엮습니다.

14. 원하는 크기까지 엮습니다.

15. 단이 시작하는 첫 번째 구멍에 링을 1개 넣고 한쪽만 엮습니다.

16. 양쪽을 잡고 2번 묶어서 리본으로 만듭니다.

◎◎ 마무리하기 : 054쪽, 육각뜨기 : 036쪽

6조각 육각 뜨기

기본적으로 육각뜨기 방법으로 뜨는데, 6가지 색상으로 나누어 직조합니다.

• **준비물** 양말목 흰색 2개, 빨간색 54개, 노란색 54개, 초록색 54개, 하늘색 54개, 보라색 54개, 분홍색 54개,

1. 4줄 링을 만듭니다.
∞ 원형뜨기 : 027쪽

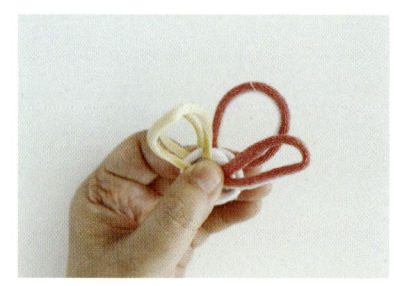

2. 4줄 링(원의 중심) 안에 빨간색, 노랑색 링을 1개씩 넣고 위를 향해 접습니다.

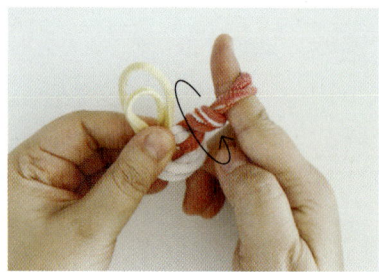

3. 오른쪽 첫 번째 링에 손가락을 넣고, 자기 몸쪽으로 한 바퀴 꼬아 줍니다. 처음 시작하는 기둥의 링만 꼬아주고 다음부터는 꼬지 않습니다.

1단 완성

4. 꼬아 준 링에 엄지손가락을 넣고 옆의 링을 잡고 빼냅니다.

5. 4줄 링 안에 초록색 링을 1개 넣고 엮습니다.

6. 4줄 링 안에 하늘색, 보라색, 분홍색 링을 1개씩 넣고 엮습니다. 총 6개 색상의 링을 넣고 엮습니다.

2단 완성

7. 2단: 구멍 하나에 링을 2개씩 넣고 엮는데, 이때 구멍과 색이 같은 링을 넣고 엮습니다.

3단 완성

8. 3단: 색깔 별로 첫 번째 구멍에 링 2개, 두 번째 구멍에 링 1개 넣고 차례로 엮습니다. 이때 구멍과 색이 같은 링을 넣고 엮습니다.

9. 4단: 색깔 별로 첫 번째 구멍에 링 2개, 두 번째 구멍에 링 1개, 세 번째 구멍에 링 1개를 넣고 차례로 엮습니다. 이때 구멍과 색이 같은 링을 넣고 엮습니다.

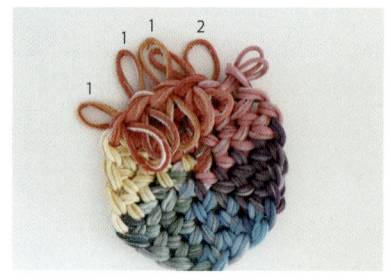 

10. 5단: 색깔 별로 첫 번째 구멍에 링 2개, 두 번째 구멍에 링 1개, 세 번째 구멍에 링 1개, 네 번째 구멍에 링 1개를 넣고 차례로 엮습니다. 이때 구멍과 색이 같은 링을 넣고 엮습니다.

11. 6단: 색깔 별로 첫 번째 구멍에 링 2개, 두 번째 구멍에 링 1개, 세 번째 구멍에 링 1개, 네 번째 구멍에 링 1개, 다섯 번째 구멍에 링 1개를 넣고 차례로 엮습니다. 이때 구멍과 색이 같은 링을 넣고 엮습니다.

12. 원하는 크기까지 엮습니다.

13. 단이 시작하는 첫 번째 구멍에 링을 1개 넣고 한쪽만 엮습니다.

14. 양쪽을 잡고 2번 묶어서 리본으로 만듭니다.

〰️ 마무리하기 : 054쪽

완성된 6조각 육각 뜨기

회오리 원형 뜨기

6가지 색상 링을 규칙적인 순서로 늘려 회오리 모양 무늬를 만듭니다. 기본 원형 뜨기와 달리 색이 끝나는 마지막 구멍만 링을 2개씩 늘립니다.

- **준비물** 양말목 흰색 62개, 빨간색 18개, 노란색 18개, 초록색 18 개, 하늘색 18개, 연분홍색 18개, 진분홍색 18개

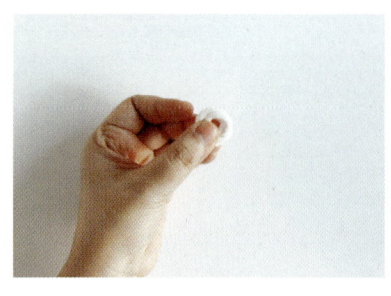

1. 4줄 링을 만듭니다.
◎◎ 원형뜨기 : 027쪽

2. 4줄 링(원의 중심) 안에 빨간색, 노랑색 링을 1개씩 넣고 위를 향해 접습니다.

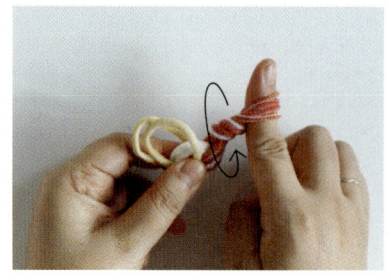

3. 오른쪽 첫 번째 링에 손가락을 넣고, 자기 몸쪽으로 한 바퀴 꼬아 줍니다. 처음 시작하는 기둥의 링만 꼬아주고 다음부터는 꼬지 않습니다.

 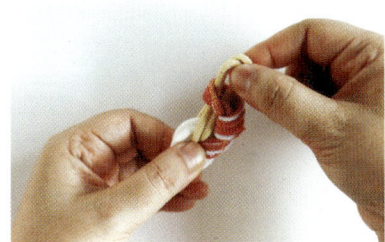

4. 꼬아 준 링에 엄지손가락을 넣고 옆의 링을 잡고 빼냅니다.

1단 완성

5. 4줄 링 안에 초록색 링을 1개 넣고 엮습니다.

6. 4줄 링 안에 하늘색, 연분홍색, 진분홍색 링을 1개씩 넣고 엮습니다. 총 6개 색상 링을 넣고 엮습니다.

7. 2단: 구멍 하나에 링 2개씩 넣고 엮는데, 이때 구멍과 색이 같은 링을 넣고 엮습니다.

8. 3단: 색깔 별로 첫 번째 구멍에 링 1개, 두 번째 구멍에 링 2개 넣고 차례로 엮습니다. 이때 구멍과 색이 같은 링을 넣고 엮습니다.

9. 4단: 색깔 별로 첫 번째 구멍에 링 1개, 두 번째 구멍에 링 1개, 세 번째 구멍에 링 2개 넣고 차례로 엮습니다. 이때 구멍과 색이 같은 링을 넣고 엮습니다.

5단 완성

8단 완성

10. 5단: 색깔 별로 첫 번째 구멍에 링 1개, 두 번째 구멍에 링 1개, 세 번째 구멍에 링 1개, 네 번째 구멍에 링 2개 넣고 차례로 엮습니다. 이때 구멍과 색이 같은 링을 넣고 엮습니다.

11. 이와 같은 방법으로 원하는 크기까지 반복해서 엮습니다. 같은 색 구멍의 맨 마지막 구멍만 2개 늘려줍니다.

12. 테두리는 1가지 색으로 구멍 하나에 링 1개씩 넣고 엮습니다.

13. 단이 시작하는 첫 번째 구멍에 링을 1개 넣고 한쪽만 엮습니다.

14. 양쪽을 잡고 2번 묶어서 리본으로 만듭니다.

〰️ 마무리하기 : 054쪽

회오리 입체 뜨기

6가지 색상 링을 구멍 색에 맞게 1개씩 넣고 엮어 회오리 모양 패턴을 만듭니다. 바구니, 텀블러 가방 등을 만들 때 활용할 수 있습니다.

- **준비물**   양말목 빨간색 68개, 노란색 61개, 초록색 60개, 수박색 60개, 갈색 60개, 연분홍색 61개

1. 4줄 링을 만듭니다.

∞ 원형뜨기 : 027쪽

2. 4줄 링(원의 중심) 안에 빨간색, 노란색 링을 1개씩 넣고 위를 향해 접습니다.

3. 오른쪽 첫 번째 링에 손가락을 넣고, 자기 몸 쪽으로 한 바퀴 꼬아 줍니다. 처음 시작하는 기둥의 링만 꼬아주고 다음부터는 꼬지 않습니다.

4. 꼬아 준 링에 엄지손가락을 넣고 옆의 링을 잡고 빼냅니다.

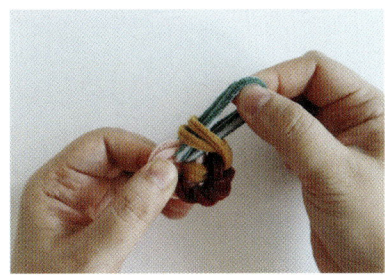

1단 완성

5. 4줄 링 안에 초록색 링을 넣고 엮습니다.

6. 4줄 링 안에 수박색, 갈색, 연분홍색 링을 1개씩 넣고 엮습니다. 총6개 색상의 링을 넣고 엮습니다.

7. 2단: 구멍 하나에 링 2개씩 넣고 엮습니다. 이때 구멍과 색이 같은 링을 넣습니다.

8. 3단: 구멍 하나에 링을 1개씩 넣고 엮습니다. 이때 구멍과 색이 같은 링을 넣습니다.

9. 4단: 구멍 하나에 링 1개씩 넣고 엮습니다. 이때 구멍과 색이 같은 링을 넣습니다. 링을 늘리지 않고 1개씩만 넣고 엮으면 옆면이 생깁니다.

∞ 바구니 : 014쪽

옆모습

10. 30단까지 반복합니다. 구멍과 색이 같은 링을 1개씩 넣고 엮으면 회오리처럼 돌아가는 무늬를 만들 수 있습니다.

11. 링으로 안을 채워줍니다.

12. 31단은 한 칸 비우고 다음 칸 구멍에 링을 1개씩 넣고 엮습니다. 반복하면 윗부분이 좁아집니다.

13. 마지막 남은 구멍에 링을 넣고 링의 한쪽만 엮습니다.

14. 159쪽 14번을 참고해 꽃 뒤쪽에서 수술을 묶고 꽃과 매듭 사이로 13에서 엮은 링을 통과시킵니다.

꽃 : 156쪽

15. 양쪽을 잡고 2번 묶어서 리본으로 만듭니다.

16. 반대쪽 끝에 링을 넣고 한쪽을 당겨 꽃에 걸면 고정할 수 있습니다.

완성된 회오리 목베개 뜨기

17. 18. 17을 꽃에 걸어서 고정합니다.

플라워스타 뜨기

체인 뜨기와 원형 뜨기를 결합해 별을 닮은 꽃을 만듭니다. 꽃의 중심과 꽃잎 색을 바꾸면 다양한 꽃을 만들 수 있습니다.

- **준비물** 양말목 빨간색 6개, 분홍색 36개,

1. 빨간색 링으로 4줄 링을 만듭니다.

∞ 체인뜨기 : 018쪽

2. 4줄 링 안에 빨간색 2줄 링을 넣고 접습니다.

3. 분홍색 2줄 링을 만들어서 2에 넣고 접습니다.

4. 분홍색 2줄 링을 만들어서 3에 넣고 접습니다.

5. 분홍색 링 그대로 4에 넣고 접습니다.

6. 2~5와 같은 방법으로 1에 넣어서 만듭니다.

7. 반복해서 1에 총 5개의 기둥을 만듭니다.

8. 첫 번째 기둥의 첫 번째 2줄 링(빨간색) 오른쪽에 분홍색 링 1개를 넣습니다.

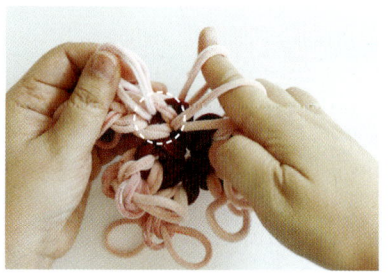

9. 8의 두 번째 2줄 링(분홍색) 오른쪽에 분홍색 링 1개를 넣습니다.

10. 8의 분홍색 링에 손가락을 넣고 자기 몸쪽으로 한바퀴 돌립니다. 엄지손가락을 넣어서 9의 링을 잡고 빼냅니다.

11. 10의 링에 손가락을 넣어 세 번째 2줄 링(분홍색)을 엮습니다.

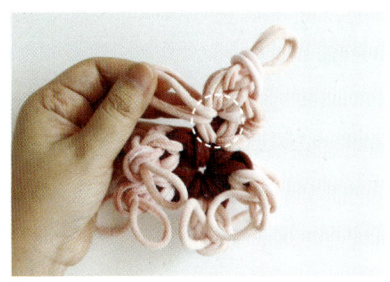 

12. 분홍색 링 1개를 두 번째 2줄 링(분홍색) 왼쪽에 넣고 엮습니다.

13. 분홍색 링 1개를 첫 번째 2줄 링(빨간색) 왼쪽에 넣고 엮습니다.

14. 두 번째 기둥 중에 첫 번째 2줄 링(빨간색) 오른쪽에 분홍색 링 1개를 넣고 엮습니다.

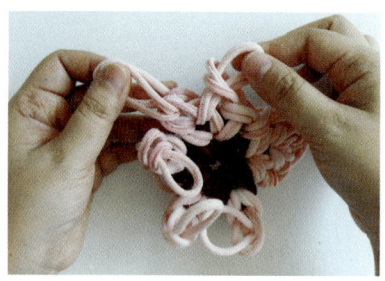

15. 두 번째 2줄 링(분홍색) 오른쪽에 분홍색 링 1개를 넣고 엮습니다.

16. 세 번째 2줄 링(분홍색)의 분홍색 링 1개를 엮습니다.

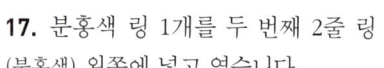

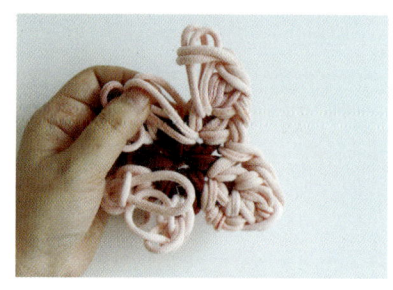

17. 분홍색 링 1개를 두 번째 2줄 링(분홍색) 왼쪽에 넣고 엮습니다.

18. 분홍색 링 1개를 첫 번째 2줄 링(빨간색) 왼쪽에 넣고 엮습니다.

19. 14~18과 같은 방법으로 나머지 기둥에도 링을 넣고 엮습니다.

20. 첫 번째 꽃잎의 첫 번째 구멍에 링을 1개 넣고 한쪽만 엮습니다.

완성된 플라워스타 뜨기

21. 아래에 있던 링을 위쪽 링 안에 넣고 당깁니다.

◎ 마무리하기 : 054쪽

part 1

양 말 목 공 예 로 만 드 는

주방용품

모닝커피로 시작하는 평범한 아침도 알록달록 엮어 만든 컵 받
침 하나에 생기가 돋습니다. 보글보글 찌개 냄비 손잡이도 만
들어 보고, 튤립이 가득 수놓아진 주방 발 매트와 크고 작은 재
료를 보관할 수 있는 주머니도 만들어 보세요.

내가 직접 만드는

직조 틀

LEVEL ●●○○○

양말목 공예에서 직조 틀이 필수는 아니지만
평직을 짜기 위해서는 필요합니다. 직조 틀은 사서 사용해도 되고
나무판에 못을 박아 만들어도 됩니다. 여기서는 주변에서 쉽게 구할 수 있는
재료로 직조 틀 만드는 법을 알아보겠습니다.

Materials

아이스크림 스틱 또는 나무젓가락 14개

1. 아이스크림 스틱이나 나무젓가락을 준비합니다. 길이는 11cm 정도가 적당합니다.

tip 나무젓가락은 11cm 길이에 맞게 잘라서 준비해야 링이 잘 걸립니다. 링보다 크면 걸 수 없어요.

2. 각각 끝에서 1cm 떨어진 위치에서 직각이 되도록 겹쳐놓고 글루건으로 붙입니다. 이때, 눕히지 말고 세운 상태로 붙여요.

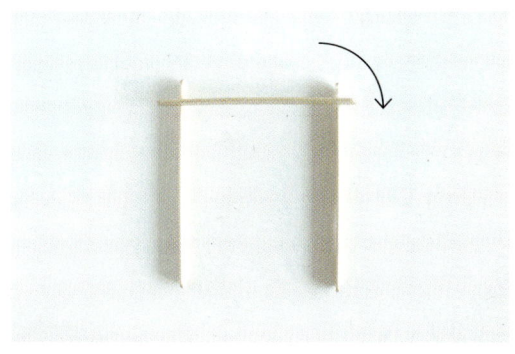

3. 2를 시계 방향으로 돌려서 같은 방법으로 붙입니다. 가로가 위에 오고 세로가 아래에 가도록 붙여요.

4. 아래에도 같은 방법으로 붙여 사각형 모양이 되도록 합니다. 가로로 놓인 스틱 모두가 세로 스틱 위에 있어야 합니다.

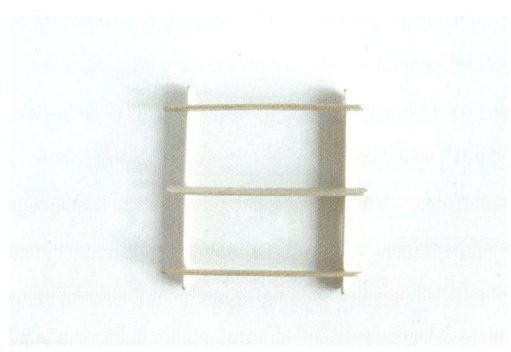

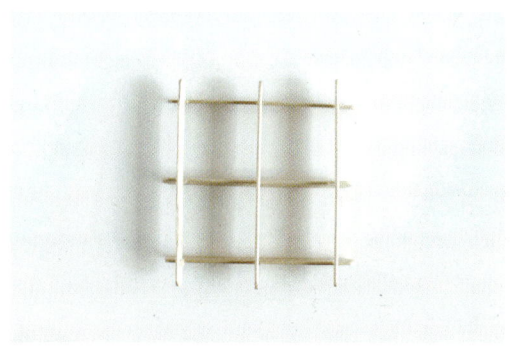

5. 가운데에 가로로 아이스크림 스틱을 하나 더 올리고 붙입니다.

6. 뒤집어서 세로로 아이스크림 스틱을 하나 더 붙입니다.

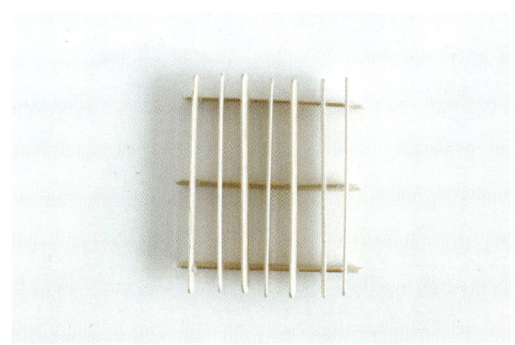

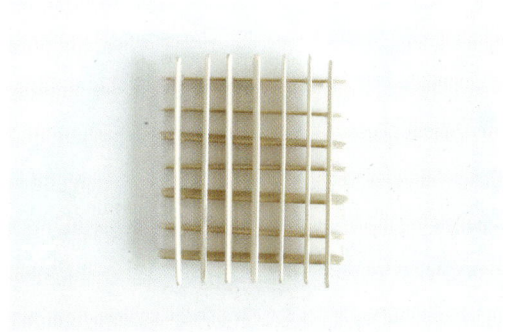

7. 사이사이에 아이스크림 스틱을 채워줍니다.

8. 그림과 같이 가로, 세로를 다 채워주면 직조 틀 완성입니다.

아기자기 소꿉놀이 할까요?

컵 받침

LEVEL ●○○○○

날실과 씨실을 교차해 원단을 짜는 것을 직조라고 합니다.
날실은 직조 틀의 세로 방향으로 놓인 실을 말하고, 씨실은 가로 방향으로
놓인 실을 말합니다. 직조 틀에 세로로 링을 걸어주고 가로로 링을
위아래 움직이면서 직조해 컵 받침을 만듭니다.

Materials
직조 틀
양말목 14개

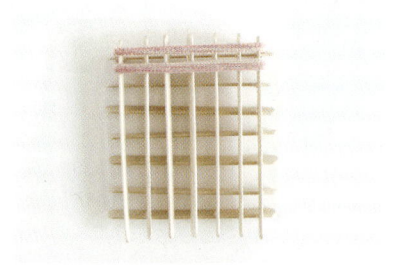

1. 직조 틀에 링 1개를 가로 스틱 양쪽 끝에 걸어줍니다.

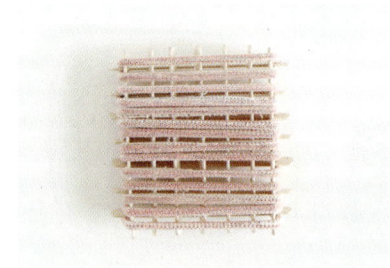

2. 같은 방향으로 링을 모두 걸어줍니다.

3. 직조 틀을 90도로 돌려서 걸어놓은 링이 세로가 되도록 두고 새로운 링을 가로 스틱 한쪽 끝에 걸어줍니다. 2줄씩 위아래로 움직여서 통과시키고, 스틱의 반대편 끝에 걸어줍니다.

4. 아래 스틱 한쪽 끝에 링을 걸고 3과 순서를 바꿔서 아래, 위, 아래, 위 움직여서 통과시킨 다음 스틱의 반대편 끝에 걸어줍니다.

5. 3~4 과정을 반복해서 전체적으로 직조합니다.

6. 한쪽 모서리에 있는 두 개의 링을 스틱에서 빼냅니다.

7. 오른쪽 링을 왼쪽 링 안으로 넣습니다.

8. 넣어준 링을 왼손으로 잡고 걸려 있는 링 1개를 빼서 오른손으로 잡습니다.

9. 다시 오른쪽 링을 왼쪽 링 안으로 넣습니다.

10. 반복해서 오른쪽 링을 빼서 왼쪽 링 안으로 넣습니다.

11. 모서리도 마찬가지로, 2개의 링을 양손으로 각각 잡습니다.

12. 오른쪽 링을 왼쪽 링 안에 넣습니다.

13. 반복해서 오른쪽 링을 왼쪽 링 안으로 넣습니다.

14. 같은 방법으로 모두 엮으면 편물이 직조 틀에서 분리됩니다.

15. 마지막 링을 길게 당깁니다.

16. 보라색 줄에 통과해서 빼냅니다.

ⓖ 레이스 매듭 : 055쪽

17. 마무리 고리가 완성됩니다.

빈티지한 감성 그래니 스퀘어

식탁의자 방석

LEVEL ●●○○○

양말목 공예에서 방석은 난이도가 높은 공예품은 아니에요.
체인 뜨기로 시작해 한 줄 한 줄 단을 늘리면 되니까요. 하지만 여기에서는
원형 뜨기로 시작해 가운데에서 바깥쪽으로 단을 늘리면서 각을 적용하는
방법을 알아볼 거예요. 단이 늘어날 때마다 같은 자리에
링을 추가하면 된답니다.

Materials

양말목 218개

Knots

원형 뜨기(027쪽)
오각 뜨기(033쪽)

1단 완성

첫 번째 구멍

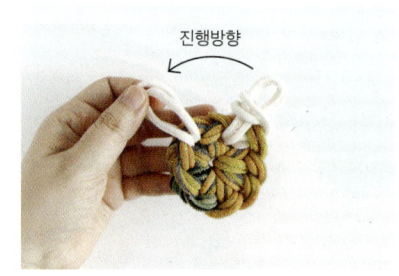

진행방향

1. 4줄 링(원의 중심)에 총 8개의 링을 넣고 하나씩 엮어 원형 뜨기 합니다.

∞ 원형 뜨기 : 027쪽

2. 첫 번째 구멍부터 여덟 번째 구멍까지 링의 개수에 변화를 줘가며 하나씩 차례대로 엮습니다.

링의 개수 2→1→2→1→2→1→2→1

2단 완성

시작

앞단에서 링을 늘렸던 자리에 링을 2개씩 넣습니다.

3. 2단에서 2코씩 늘렸던 부분, 첫 번째, 세 번째, 다섯 번째, 일곱 번째 구멍에 미리 링을 2개씩 넣습니다.

4. 나머지 구멍에는 링을 1개씩 넣고 하나씩 차례대로 엮어 3단을 완성합니다.
3단 링의 개수 2→1→1→2→1→1→2→1→1→2→1→1

3단 완성

앞단에서 링을 늘렸던 자리에서 똑같이 링을 넣습니다.

5. 4단을 만들겠습니다. 먼저 각을 적용하기 위해, 3단에서 코를 늘렸던 자리에 링을 2개씩 미리 넣습니다.

6. 나머지는 구멍 하나에 링을 1개씩 넣고 하나씩 차례대로 엮습니다.

4단 링의 개수 2→1→1→1→2→1→1→1 →2→1→1→1→2→1→1→1

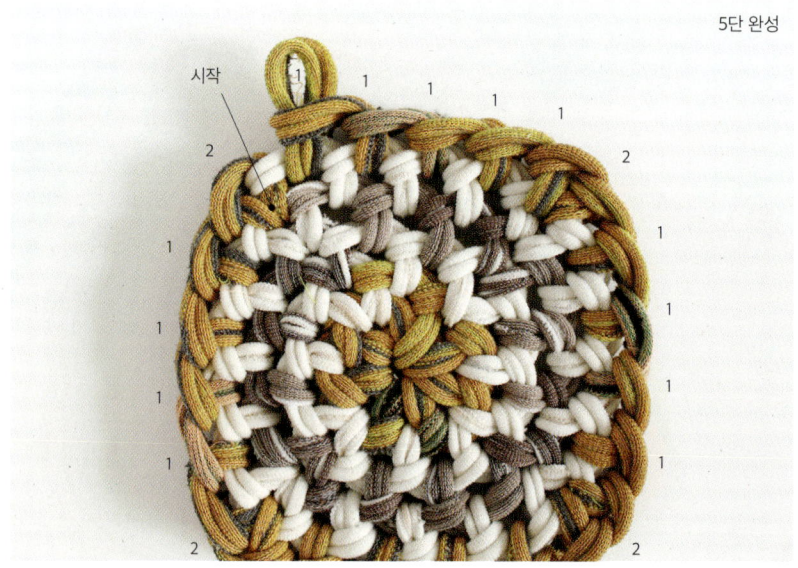

7. 4단에서 코를 늘렸던 모서리에 링을 2개씩 넣고 나머지는 1개씩만 넣어 5단을 완성합니다.

5단 링의 개수 2→1→1→1→1→2→1→1→1→1→2→1→1→1→1→2→1→1→1→1

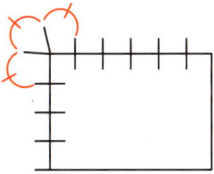

tip 각 변을 뜨고 이 두 변이 만나는 모서리는 링과 링 사이가 벌어져 있어요. 여기에 링을 추가해야 원단이 줄어드는 것을 막을 수 있어요.

모서리

8. 모서리만 2개씩 늘려주고 나머지는 한 구멍에 한 개씩 넣고 엮어주기를 반복해서 원하는 크기로 만들어 줍니다.

9. 리본으로 마무리합니다.

⚭ 마무리하기 : 054쪽

튤립이 활짝 피었습니다

주방 매트

LEVEL ●●●○○

타원 뜨기를 응용해 만드는 주방 매트입니다.
양말목으로 만든 주방 매트는 두께감이 좋아 주방에서 일하는 동안
발을 편안하게 해줍니다. 작게 만들고 싶다면 처음 체인 뜨기를 짧게 해 주세요.
가장자리에 튤립 문양을 넣는 방법도 함께 알아보겠습니다. 과정이 다소
길어 보이지만 반복하는 과정이 많으니 천천히 따라 해 보세요.

Materials

양말목 1818개

Knots

타원 뜨기(039쪽)

1. 60개의 링으로 체인 뜨기 합니다. 체인의 개수는 원하는 만큼 정합니다.

◇◇ 체인 뜨기 : 018쪽

2. 마지막 60번째 체인에 링을 3개 넣습니다.

◇◇ 타원 뜨기 : 039쪽

3. 3개의 링을 하나씩 엮습니다. 나머지는 구멍 하나에 링을 1개씩 넣고 차례대로 엮어줍니다.

마지막 구멍

4. 마지막 구멍 하나는 남겨둡니다.

5. 반대편과 마찬가지로 마지막 구멍에 링을 3개 넣고 차례대로 엮습니다.

6. 나머지는 구멍 하나에 링을 1개씩 넣고 엮습니다.

1단 끝
1단 시작

7. 1단이 완성된 모습입니다.

2단 시작

8. 2단을 만듭니다. 첫 번째 구멍에 링을 2개 넣고 하나씩 엮습니다.

2단 시작

9. 타원의 둥근 부분의 코를 늘려주기 위해 두 번째 구멍에도 링을 2개 넣고 엮습니다.

10. 나머지는 구멍 하나에 링을 1개씩 넣고 엮습니다.

11. 반대편 끝에 오면 링을 2개 넣고 하나씩 엮습니다.

12. 그 옆 구멍에도 링을 2개 넣고 엮습니다.

13. 나머지는 구멍 하나에 링을 1개씩 넣고 엮습니다.

14. 2단이 완성된 모습입니다.

15. 3단 첫 번째 구멍에 링 2개, 1개, 2개 순서로 넣고 엮습니다.

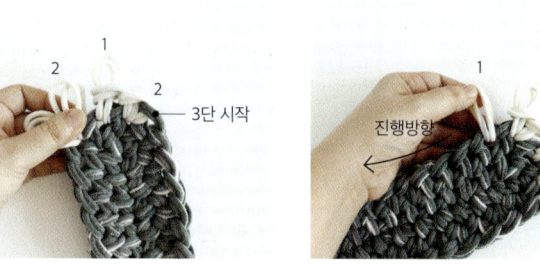

16. 나머지는 구멍 하나에 링을 1개씩 넣고 엮습니다.

17. 반대편 끝부분에서도 링을 2개, 1개, 2개 넣어 코를 늘려줍니다.

18. 나머지는 한 구멍에 1개씩 넣고 엮습니다.

19. 4단은 시작 부분과 반대편 끝부분에 링 2개, 1개, 1개, 2개 이렇게 코를 늘리고 나머지는 구멍 하나에 링을 1개씩 넣고 엮습니다.

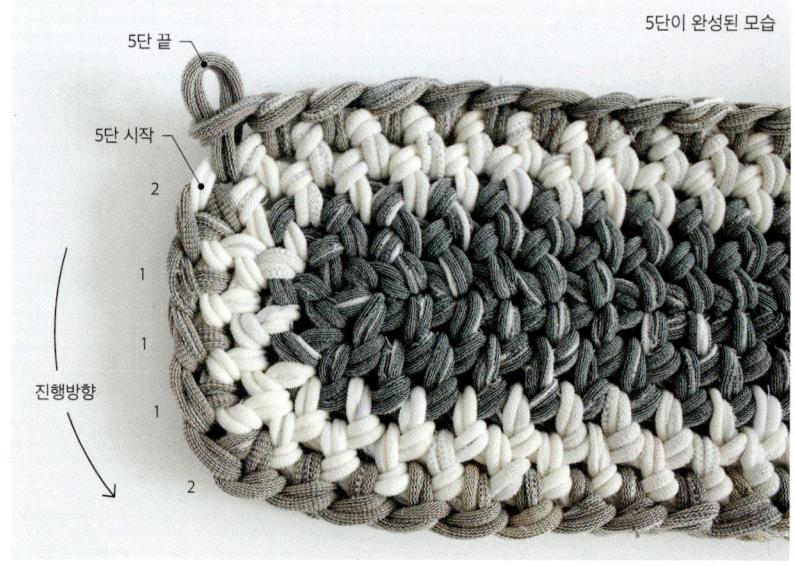

링의 개수

5단: 양쪽 끝 2 → 1 → 1 → 1 → 2, 나머지 구멍 하나에 링을 1개씩 넣고 엮기

6단: 양쪽 끝 1 → 2 → 2 → 2 → 2 → 1, 나머지 구멍 하나에 링을 1개씩 넣고 엮기

7단: 구멍 하나에 링을 1개씩 넣고 엮기

8단: 구멍 하나에 링을 1개씩 넣고 엮기

9단: 양쪽 끝 2 → 1 → 1 → 2 → 1 → 1 → 2, 나머지 구멍 하나에 링을 1개씩 넣고 엮기

10단: 구멍 하나에 링을 1개씩 넣고 엮기

20. 단마다 링의 개수를 달리하여 엮습니다. 이때 곡선 구간인 양쪽 끝은 링을 추가하고 나머지는 구멍 하나에 링을 1개만 넣어 엮습니다.

tip 추가한 링의 위치가 동일하면 각이 생기므로 링의 개수에 변화를 주면서 추가합니다.

21. 6단은 시작 부분과 반대편 끝부분에 링 1개, 2개, 2개, 2개, 2개, 1개 이렇게 코를 늘려줍니다. 나머지는 한 구멍에 1개씩 넣고 엮어줍니다.

tip 같은 곳에 반복해서 2개를 늘려주면 각이 생기기 때문에 앞단과 약간 다른 위치에서 링을 늘리는 개수를 바꿔줍니다. 그래야 각지지 않고 둥글게 만들 수 있어요.

22. 7단과 8단은 전체를 구멍 하나에 링을 1개씩 넣고 엮어줍니다.

23. 9단은 시작 부분과 반대편 끝부분에 링 2개, 1개, 1개, 2개, 1개, 1개, 2개 이렇게 코를 늘려줍니다. 나머지는 구멍 하나에 링을 1개씩 넣고 엮습니다.

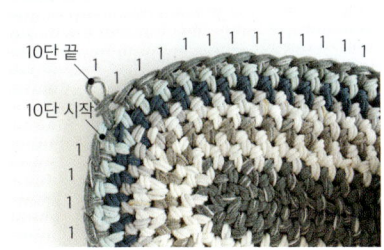

24. 10단 전체를 구멍 하나에 링을 1개씩 넣고 엮습니다.

25. 10단 정도 뜨고 너비가 어느 정도 확보되었다면 튤립 문양으로 11단을 만듭니다. 초록색 링으로 2줄 링을 만듭니다.

26. 첫 번째 구멍에 2줄 링을 넣고 위를 향해 접습니다.

27. 빨간색 링으로 2줄 링을 만듭니다.

28. 초록색 2줄 링에 빨간색 2줄 링을 넣고 위를 향해 접습니다.

∞ 체인 뜨기 : 018쪽

29. 노란색 링을 그대로 빨간색 2줄 링에 넣고 위를 향해 접습니다.

30. 노란색 새로운 링을 초록색 링이 있는 첫 번째 구멍 오른쪽에 넣습니다.

31. 30을 10단의 마지막 링과 엮습니다.

32. 31의 링을 맨 위에 있는 29의 노란색 링과 엮습니다.

33. 초록색 2줄 링이 들어간 첫 번째 구멍 왼쪽에 노란색 새로운 링을 넣습니다.

34. 33의 링을 32의 노란색 링과 엮습니다. 튤립 한 송이가 완성됩니다.

35. 이번에는 다음 튤립을 만들기 전에 사이 공간을 만들어보겠습니다. 공간 없이 튤립만 촘촘하게 만들다 보면 링이 너무 늘어나 원단이 울 수 있어요. 두 번째 구멍에 새로운 링을 넣고 34의 링과 엮습니다.

36. 25~35를 반복해 튤립과 사이 공간을 만듭니다.

37. 튤립의 간격이 주방매트의 크기에 따라 딱 맞게 떨어지지 않을 수도 있고 양말목의 두께에 따라서 테두리가 너무 늘어 날 수도 있습니다. 튤립 꽃의 간격을 늘리거나 코를 줄여 조절합니다.

38. 리본을 묶어 마무리합니다.
〰 마무리하기 : 054쪽

39. 리본을 양쪽으로 숨겨도 좋아요.

딸랑딸랑 고깔모양

주방 장갑

LEVEL ●●○○○

뜨거운 냄비 손잡이는 도톰한 주방 장갑으로 잡으면
하나도 뜨겁지 않아요. 고리가 달려있어서 보관하기도 좋아요.
앞에서는 평평한 원을 뜨기 위해 코를 늘리는 과정을 따라 했습니다.
여기서는 코를 늘리지 않고 링의 개수를 조절해 입체적으로
만들어보겠습니다.

Materials

양말목 61개

Knots

원형 뜨기(027쪽)

1단 완성

2단 완성

1. 4줄 링(원의 중심)에 총 6개의 링을 넣고 원형 뜨기 합니다.

🔗 원형 뜨기 : 027쪽

2. 구멍 하나에 링을 1개씩 넣고 엮어 2단을 완성합니다.

3단의 옆모습

3. 구멍 하나에 링을 2개씩 넣고 엮어 3단을 완성합니다.

4. 3단까지 뜬 옆모습입니다. 단을 늘릴수록 나팔 모양으로 벌어지고 있습니다.

tip 2단에서 링을 늘리지 않고 한 개씩만 엮어 오므라지게 만들고, 3단에서는 링을 늘려 나팔 모양으로 키워줍니다.

5. 구멍 하나에 링을 1개씩 넣고 엮어 4단을 완성합니다.

5단 완성

5단의 옆모습

6. 구멍 하나에 링을 2개씩 넣고 엮어 5단을 완성합니다.

7. 마무리는 안쪽으로 숨깁니다.

➿ 마무리하기 : 054쪽

8. 맨 위에 1단의 링 하나를 살짝 당겨서 틈을 만들고 새로운 링을 하나 끼웁니다.

9. 옆에 2칸 정도 건너가 다시 링 하나를 살짝 당겨 틈을 만들고 8의 링을 한 번 더 끼워 줍니다.

10. 8~9에서 끼워 넣은 링 한쪽을 다른 쪽 고리 안에 넣고 통과시킵니다.

11. 통과시킨 링을 쭉 당겨 고리를 만듭니다.

➿ 마무리하기 : 054쪽

꿀벌 통을 닮은

비닐 보관 주머니

LEVEL ●●●○○

비닐봉지 하나도 예쁘게 보관할 수 있는 주머니를 만들어요.
꺼내 쓰기 편하도록 아래쪽에 구멍을 내고 윗부분은 고리를 달아서
걸어 둘 수 있어요. 앞에서 다룬 주방 장갑이 한쪽으로 늘어나는 형태라면
비닐 보관 주머니는 입구에서부터 점점 커지다가 다시 줄어드는
곡선 형태입니다. 늘리는 개수를 조절하면 모양을
내 맘대로 바꿀 수 있어요.

Materials

양말목 214개

Knots

도넛 뜨기(045쪽)

1. 도넛 뜨기로 2단을 만듭니다. 이 부분이 보관하던 비닐봉지를 빼낼 수 있는 입구입니다.

◎∞ 도넛 뜨기 : 045쪽

2. 구멍 하나에 링을 1개씩 넣고 엮어 3단을 만들어줍니다. 입체감이 만들어집니다.

1개씩

4~7단

3. 구멍 하나에 링을 1개씩 넣고 엮기를 반복해 7단까지 만듭니다. 입체감이 더 깊어집니다.

비우기

8단 완성

4. 한 칸 띄우고 다음 칸에 링을 1개씩 넣고 엮어 8단을 완성합니다.

9단 끝

10단 시작

9~11단 8단 7단

5. 9, 11단까지 구멍 하나에 링을 1개씩 넣고 엮어 각 단을 완성합니다. 8단과 링 개수가 같아 단의 크기가 바뀌지 않고 같은 크기로 만들어집니다.

12단 시작
비우기

12단 완성
비우기

6. 12단, 13단은 한 칸 비우고 다음 칸 구멍에 링을 1개씩 넣고 엮습니다. 윗부분이 좁아집니다.

7. 마지막 남은 구멍에 링을 넣고 링의 한쪽만 엮습니다.

ⓐ 마무리하기 : 054쪽

8. 엮지 않은 링 한쪽을 7의 안에 넣어서 당깁니다.

9. 당겨진 고리는 벽에 걸어서 사용합니다.

part 2

양 말 목 공 예 로 만 드 는

인테리어 소품

재미있고 알찬 집콕 생활을 위해 많은 분들이 인테리어에 관심을 가집니다. 비용도 저렴하고 만들기도 간편한 소품으로 집안 분위기를 바꿔 보세요.

층간 소음 방지

의자 양말

LEVEL ●○○○○

양말목으로 만든 의자 양말은 두께감 때문에
의자를 끌어도 시끄럽지 않아 층간 소음 방지에 도움이 됩니다.
여기에서는 링의 개수에 변화를 주지 않고 입체적으로 뜨는
방법에 대해 알아볼게요.

Materials

양말목 37개 (1개 기준)

Knots

원형 뜨기(027쪽)

1단 완성

1

1. 4줄 링(원의 중심) 안에 7개의 링을 넣고 하나씩 엮어 원형 뜨기 합니다.

◎ 원형 뜨기 : 027쪽

2. 2단 첫 번째 구멍에 링을 1개 넣고 엮습니다.

2단 완성

5단까지 엮은 모습

3. 계속해서 구멍 하나에 링을 1개씩 넣고 2단을 엮습니다.

tip 링의 개수를 늘리거나 줄이지 않고 계속해서 1개씩 넣고 엮으면 단의 크기에 변화가 없고 입체감이 만들어집니다.

4. 원하는 높이까지 반복해서 엮어줍니다. 여기서는 5단까지 엮었습니다.

5. 5단이 끝나고 6단이 시작하는 첫 번째 구멍에 링을 1개 넣고 한쪽만 엮습니다.

6. 엮어진 부분과 엮지 않은 부분을 각각 잡고 2번 묶어 리본으로 마무리합니다.

◎ 마무리하기 : 054쪽

어디서나 피어

꽃

LEVEL ●●○○○

양말목 링으로 꽃을 만들어 볼게요.
먼저 꽃잎을 만들고 수술을 만든 다음, 잎사귀를 만듭니다. 볼펜, 브로치,
커튼 집게, 바구니 마무리 등에 활용할 수 있습니다.

Materials

양말목 8개

Knots

원형 뜨기 (027쪽)

레이스매듭 (055쪽)

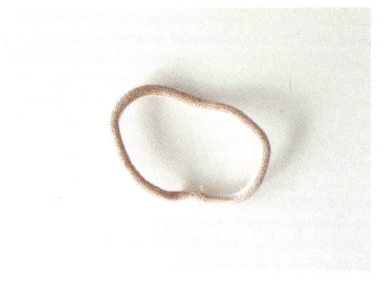

1. 먼저 꽃잎을 만들어볼게요. 링 1개를 준비합니다.

2. '8'자 모양으로 꼬아줍니다.

3. 반을 접어서 2줄 링을 만듭니다.

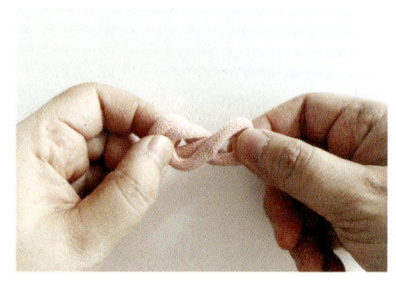

4. 2줄 링을 다시 '8'자로 꼬아줍니다.

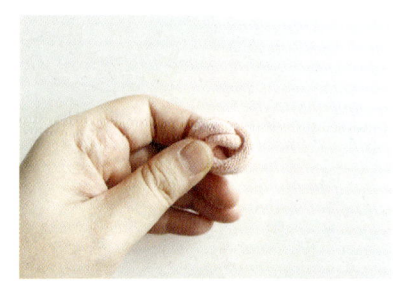

5. 이것을 다시 반으로 접으면 4줄 링이 됩니다.

 원형 뜨기 : 027쪽

6. 새로운 링으로 2줄 링을 만듭니다.

7. 2줄 링을 4줄 링 안에 넣습니다.

레이스 매듭

8. 넣어준 2줄 링의 한쪽을 다른 쪽 링의 구멍 안에 넣고 당깁니다.

 레이스 매듭 : 055쪽

9. 5개의 2줄 링을 4줄 링에 레이스 매듭으로 걸어줍니다. 이때 레이스 매듭이 같은 방향으로 오도록 유의합니다. 매듭의 가로줄이 모두 위쪽으로 오게 하면 돼요. 총 5개의 꽃잎이 만들어집니다.

10. 이제 꽃의 수술을 만들어볼게요. 꽃잎과 다른 색 링을 준비합니다.

11. 가운데 한번 묶어 매듭을 만듭니다.

12. 9의 꽃을 뒤집어 중심에 11의 매듭이 들어가도록 밀어 넣습니다. 밀어 넣은 링의 다리 한쪽을 5개의 꽃잎 중 2개를 골라 꽃잎 아래의 구멍에 통과시킵니다.

13. 반대쪽 다리는 남은 3개의 꽃잎 아래 구멍에 통과시킵니다.

14. 통과시킨 링을 서로 묶어줍니다. 매듭 끝이 중간에 모입니다.

15. 14를 뒤집으면 꽃이 동글동글하게 만들어져 있습니다.

16. 이제 잎사귀를 만듭니다. 초록색 링 하나를 14의 링에 각각 통과시킵니다.

17. 링을 한번 묶어서 마무리합니다.
∞ 마무리하기 : 054쪽

푸른 하늘 은하수~ 푹신푹신한

반달매트

LEVEL ●●●○○

원형 뜨기를 반원 모양으로 떠줍니다.
한 단을 뜨고 방향을 바꿔서 다시 반대로 뜨는 거예요. 원이 커질수록
링을 추가해서 코를 늘려야 하는데 이때는 좌우 대칭이 되도록 링의 개수와
늘리는 위치를 똑같이 맞춥니다. 링의 크기와 굵기에 따라서 링 늘리는
개수와 규칙은 각자 조절해야 해요. 평평하게 잘 떠지고
있는지도 중간 중간 확인해주세요.

Materials

양말목 465개

Knots

원형 뜨기(027쪽)

1단 시작

2단 첫 번째 구멍

2단 완성

1. 4줄 링(원의 중심) 안에 5개의 링을 넣고 하나씩 차례대로 엮어 원형 뜨기 합니다. 이때 원을 둥글게 만들지 않고 반만 엮습니다.

◉◉ 원형 뜨기 : 027쪽

2. 편물을 뒤집어 진행 방향을 바꾸고 구멍 하나에 링을 2개씩 넣고 하나씩 차례로 엮어 2단을 완성합니다.

tip 단이 바뀔 때마다 편물을 뒤집어 진행 방향을 바꿉니다.

1

첫 번째 구멍

3단 완성

마지막 링

3. 다시 진행 방향을 바꿔서 구멍 하나에 링을 1개씩 넣고 엮어 3단을 완성합니다.

tip 이때 마지막 링은 다음 단 컬러와 같은 색으로 넣어주세요. 매트 전체가 1가지 색일 때는 상관 없지만, 단별로 색을 바꾸는 경우 단의 마지막 링 컬러가 다음 단의 컬러에 영향을 줍니다. 그러므로 가급적 색을 맞춥니다.

tip 반달 매트 진행 방향

4. 단계별로 진행 방향을 바꾸며 좌우대칭이 되도록 링을 넣고 엮어 4~16단을 완성합니다.

4단 링의 개수 1→1→2→1→1→2→1→1

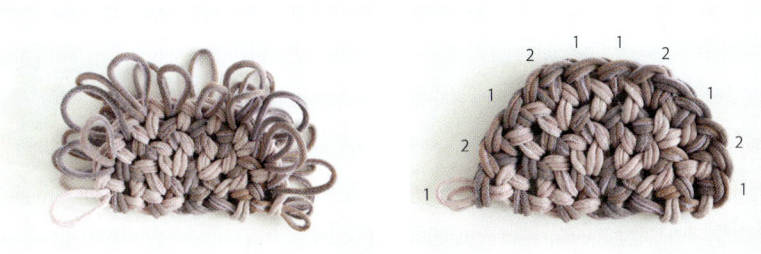

5단 링의 개수 1→2→1→2→1→1→2→1→2→1

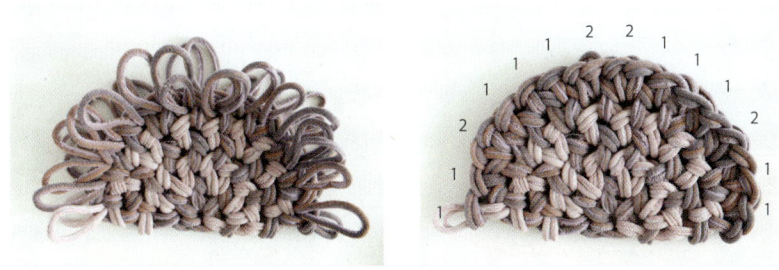

6단 링의 개수 1→1→2→1→1→1→2→2→1→1→1→2→1→1

7단: 구멍 하나에 링을 1개씩 넣고 엮기

8단 링의 개수 1→1→2→1→1→2→1→2→1→1→2→1→2→1→1→2→1→1

9단: 구멍 하나에 링을 1개씩 넣고 엮기

10단 링의 개수 1→1→2→1→1→2→1→1→2→1→1→2→2→1→1→2→1→1→2→1→1
→2→1→1

11단 완성

11단: 구멍 하나에 링을 1개씩 넣고 엮기

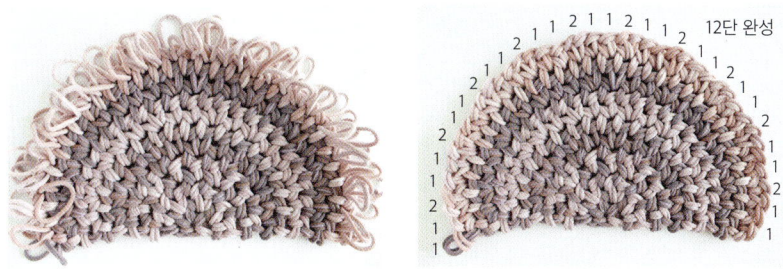

12단 완성

5. 단이 바뀔 때마다 진행 방향을 바꿔가며 다음과 같이 16단까지 완성합니다.

12단 링의 개수 1→1→2→1→1→2→1→1→2→1→1→2→1→1→2→1→1→2→1→1→2→1→1→2
→1→1→2→1→1→2→1→1→2→1→1

13단 완성

13단: 구멍 하나에 링을 1개씩 넣고 엮기

14단 완성

14단: 구멍 하나에 링을 1개씩 넣고 엮기

15단 완성

15단: 구멍 하나에 링을 1개씩 넣고 엮기

16단 완성

16단: 구멍 하나에 링을 1개씩 넣고 엮기

17단 완성

17단: 구멍 하나에 링을 1개씩 넣고 엮기

6. 이제 옆선을 마무리합니다. 방향을 바꾸지 않고 진행 방향으로 엮습니다. 모서리는 구멍 하나에 링을 2개 넣고 엮습니다.

7. 이제 반달의 직선부분을 정리합니다. 직선 부분 구멍이 곡선 부분과 다르므로 링을 넣을 지점을 임의로 정해야 합니다. 곡선의 링과 링 사이 간격과 동일하게 구멍의 위치를 정해서 구멍 하나에 링을 1개씩 넣고 왼쪽 끝까지 계속 엮습니다.

8. 이제 마무리합니다. 17단의 첫 번째 구멍에 링을 1개 넣습니다.

∞ 마무리 하기 : 054쪽

9. 8의 링 한쪽만 엮습니다.

10. 양쪽을 잡고 2번 묶어 리본으로 마무리합니다.

찬 기운을 막아주는

러그

LEVEL ●●○○○

바닥의 찬 기운을 막아주는 고마운 존재, 러그!
원형 뜨기를 크게 만드는 것이라고 생각하면 쉬워요. 앞의 반달 매트는
원형 뜨기로 만들었는데 여기서는 이랑 뜨기로 만들어볼게요. 1단은 원형
뜨기 하고 2단부터 마지막 단까지는 모두 이랑 뜨기 하여 앞면과
뒷면의 패턴이 다른 러그를 만들어 봅니다.

Materials

양말목 1303개

Knots

원형 뜨기(027쪽)
이랑 뜨기(050쪽)

1단 완성

1. 4줄 링(원의 중심) 안에 총 7개의 링을 넣고 하나씩 엮어 원형 뜨기 하여 1단을 완성합니다.

⟳ 원형 뜨기 : 027쪽

2. 첫 번째 구멍에 링을 1개 추가합니다. 이때 2줄씩 양쪽에 있는 링 중 한쪽(2줄)에 새로운 링을 걸고 엮어 이랑 뜨기 합니다.

⟳ 이랑 뜨기 : 050쪽

3. 같은 구멍에 링을 1개 더 넣고 엮습니다.

4. 두 번째 구멍에도 한쪽(2줄)에만 2개의 링을 걸고 하나씩 차례로 엮습니다.

2단 완성

5. 나머지도 구멍 하나에 링을 2개씩 넣고 차례대로 엮어 2단을 완성합니다.
tip 원형 뜨기에서 코 늘리는 규칙으로 이랑 뜨기 한다고 생각하면 쉬워요.

6. 3단 첫 번째 구멍에 링을 1개 넣고 이랑 뜨기 합니다.

단의 첫 번째 링에 표시

7. 단마다 색이 바뀌는 디자인이라면 단이 바뀌는 것을 색으로 구분할 수 있지만, 같은 색으로 작업한다면 시작 부분을 표시해서 한 단을 마무리할 지점을 잘 찾을 수 있도록 표시해주세요.

8. 두 번째 구멍에 링을 2개 넣고 하나씩 차례대로 이랑뜨기합니다.

9. 6~8과 같이 링의 개수에 변화를 주며 엮어 3단을 완성합니다. 한 바퀴가 다 떠지면 표시한 링을 제거합니다.

3단 링의 개수 1→2→1→2 규칙으로 엮기

3단 완성

뒷모습

10. 편물을 뒤집어 봅니다. 이랑 뜨기 하면 앞면과 다른 패턴이 생깁니다.

4단 완성

5단 완성

6단 완성

11. 4단에서 9단까지 링의 개수에 변화를 주며 엮습니다.

4단: 구멍 하나에 링 1개씩 넣고 엮기

5단: 1→2→1→2 규칙으로 엮기

6단: 구멍 하나에 링 1개씩 넣고 엮기

7단 완성

7단: 1→2→1→2 규칙으로 엮기

8단 완성

8단: 구멍 하나에 링 1개씩 넣고 엮기

9단 완성

9단: 1→2→1→2 규칙으로 엮기

10~12단: 구멍 하나에 링 1개씩 넣고 엮기
13단: 1→2→1→2 규칙으로 엮기
14~18단: 구멍 하니에 링 1개씩 넣고 엮기
19단: 1→2→1→2 규칙으로 엮기
20~21단: 구멍 하나에 링 1개씩 넣고 엮기

21단까지 완성

12. 원하는 크기로 러그를 만듭니다.

tip 러그의 크기를 키우고 싶다면 링의 크기와 굵기에 따라서 링의 개수에 변화를 주며 엮습니다. 평평한 곳에 펼쳐 놓고 편물이 울 것 같으면 그 단은 링을 늘리지 않고 구멍 하나에 링 1개씩만 넣고 엮습니다. 편물이 팽팽해지면서 오므라들 것 같으면 1→2→1→2 규칙으로 링을 늘립니다.

13. 이제 마무리합니다. 첫번째 구멍에 링을 1개 넣고 한쪽만 엮습니다.

🧶 마무리하기 : 054쪽

14. 엮지 않은 부분을 엮은 링 안에 넣어서 당깁니다.

15. 편물의 뒤쪽 면에 숨깁니다.

러그 완성

뭐든지 담아 주세요

바구니

LEVEL ●●○○○

원형 뜨기로 바닥을 만들고 링을 늘리지 않고
구멍 하나에 링 1개씩만 넣고 계속 엮어주면 옆면이 세워지면서
입체감이 생깁니다. 이것을 응용하면 바구니를 만들 수 있어요. 바닥 모양을
Basic에서 다룬 사각형이나 오각형, 육각형 등으로 바꾸면
다양한 형태의 바구니를 만들 수 있습니다.

Materials

양말목 473개

Knots

원형 뜨기(027쪽)

8단까지 완성

링의 개수

1단: 원형 뜨기(7개)

2단: 구멍 하나에 링 2개씩 넣고 엮기

3단: 1→2→1→2 규칙으로 엮기

4단: 구멍 하나에 링 1개씩 넣고 엮기

5단: 1→2→1→2 규칙으로 엮기

6단: 구멍 하나에 링 1개씩 넣고 엮기

7단: 1→2→1→2 규칙으로 엮기

8단: 구멍 하나에 링 1개씩 넣고 엮기

1. 원형 뜨기로 8단까지 떠서 바구니의 바닥 면을 만들어 줍니다. 원하는 크기만큼 바닥을 엮습니다. 여기서는 8단으로 바구니 바닥 크기를 정했어요.
🐚 원형 뜨기 : 027쪽

2. 9단부터 옆면을 만듭니다. 첫 번째 구멍에 링 1개를 넣고 엮습니다.

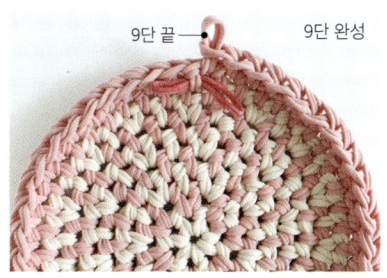

3. 9단의 첫 번째 링에 색이 다른 링을 넣어 시작 지점을 표시하고 구멍 하나에 링을 1개씩 넣고 엮어 9단을 완성합니다.

tip 단이 어디에서 시작했는지 헷갈릴 수 있어서 시작 지점을 다른 색 링으로 표시해줍니다. 시작 지점을 잘 표시하면 한 단이 끝나는 지점도 잘 찾을 수 있습니다. 한 단을 마무리하면 표시한 링을 제거하고 다른 단이 시작되면 표시해주세요.

4. 구멍 하나에 링을 1개씩 넣고 엮어 10단을 완성합니다.

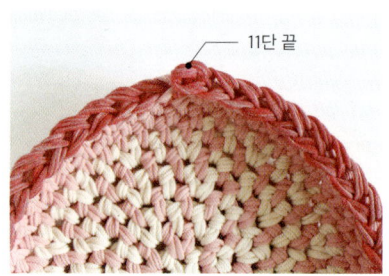

5. 11단~14단까지 코를 늘리지 않고 링을 1개씩 엮어 옆면을 올립니다. 옆면 단 수는 정해진 건 아니기 때문에 원하는 높이까지 올려줍니다. 여기서는 14단까지 올렸습니다.

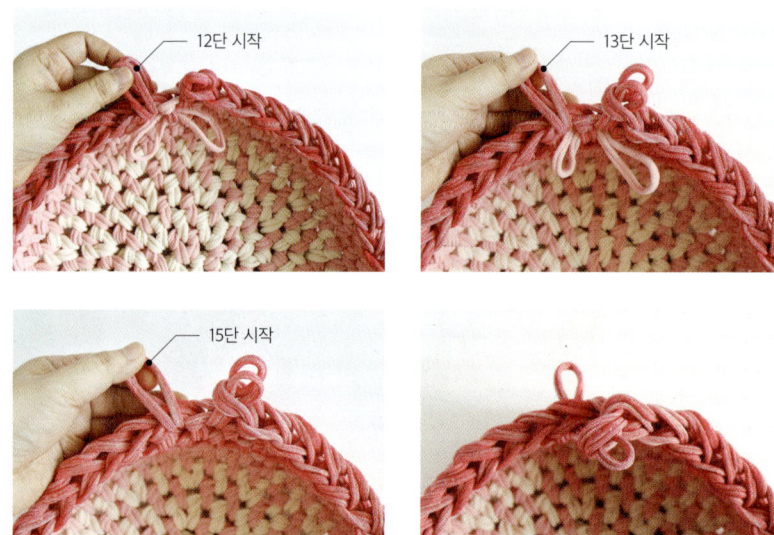

6. 이제 마무리합니다. 15단 첫 번째 구멍에 링을 1개 넣고 한쪽만 엮습니다.

7. 양쪽을 잡고 2번 묶어 리본 모양으로 마무리합니다.

 마무리하기 : 054쪽

바구니 완성

사랑하는 마음 가득 담아

하트 쿠션

LEVEL ●●●●○

원형 뜨기로 반구의 형태를 2개 만들고 나란히 둔 다음,
그것을 함께 엮어 하트를 만듭니다. 두 반구에서 시작해 하나의
덩어리로 만들고 아래로 내려갈수록 뾰족하게 만듭니다. 하트의 크기나
모양은 링의 수에 따라서 변형할 수 있어요.

Materials

양말목 162개

Knots

원형 뜨기(027쪽)

2단 완성

1. 4줄 링(원의 중심) 안에 총 6개의 링 을 넣고 하나씩 엮어 원형 뜨기 합니다.

2. 구멍 하나에 링을 2개 넣고 하나씩 차례대로 엮어 2단을 완성합니다.

✺ 원형 뜨기 : 027쪽

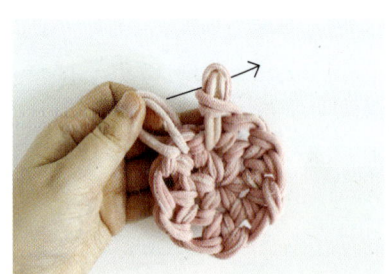 

3단 완성

3. 구멍 하나에 링을 1개씩 넣고 엮어 3단을 완성합니다.

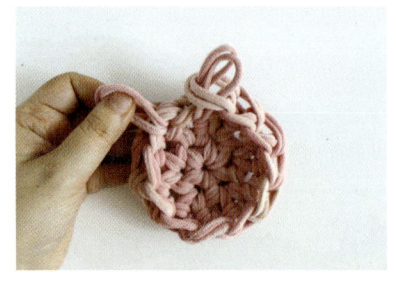  

4단 옆모습

4. 구멍 하나에 링을 1개씩 넣고 엮어 4단을 완성합니다. 오목하고 작은 편물이 만들어집니다.

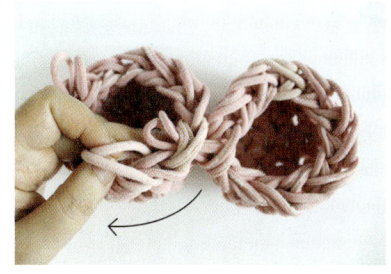

5. 1~4를 반복해 편물을 하나 더 만들고 각각의 마지막 링이 왼쪽을 향하도록 둡니다.

6. 두 개의 편물을 연결하겠습니다. 왼쪽 편물의 오른쪽 구멍에 오른쪽 편물의 마지막 링을 넣습니다.

7. 계속해서 구멍 하나에 링을 1개씩 넣고 화살표 방향으로 엮습니다.

8. 가운데까지 오면 5~6에서 두 개의 편물을 연결한 것처럼 한 번 더 연결합니다. 가운데 구멍에 링을 1개 넣고 반대쪽 편물에도 통과시킵니다.

9. 새로 넣은 링을 위를 향하게 접고 7의 링과 엮습니다.

10. 옆의 편물로 넘어가서 구멍 하나에 링을 1개씩 넣고 엮습니다.

6단 완성

11. 10을 한 바퀴 다 엮으면 편물 2개가 연결된 가운데로 와서 멈추게 됩니다.

12. 왼쪽으로 넘어가서 구멍 하나에 링 1개씩 넣고 같이 크게 한 바퀴 엮어 6단을 완성합니다. 여기까지 작업하면 하트 윗부분이 완성됩니다.

13. 7단은 첫 번째 구멍은 비우고 두 번째 구멍에 새로운 링을 넣고 엮습니다.

tip 첫 번째 구멍에 링을 추가하지 않는 것은 아래로 내려갈수록 뾰족하게 만들기 위해서입니다. 점차 코를 줄일 거예요.

14. 구멍 하나에 링 1개씩 넣고 하나씩 차례대로 엮어 7단을 완성합니다.

15. 8단 첫 번째 구멍을 비우고 두 번째 구멍부터 링을 1개씩 넣고 엮어 8단을 완성합니다.

16. 첫 번째 구멍을 비우고 두 번째 구멍부터 링을 1개씩 넣고 엮어 9단을 완성합니다.

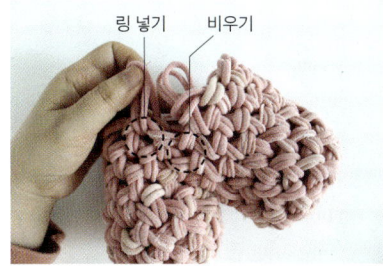

링 넣기　비우기

비우기

10단 완성

17. 한 칸 비우고 다음 칸에 링을 1개씩 넣고 엮어 10단을 완성합니다. 코가 급격하게 줄어듭니다.

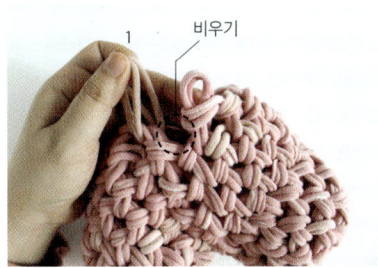

1　비우기

18. 한 칸 띄우고 다음 칸에 링을 1개씩 넣고 엮어 11단을 완성합니다.

12단 완성

19. 구멍 하나에 링을 1개씩 넣고 엮어 12단을 완성합니다.

20. 작은 구멍 안으로 쓰고 남은 털실 이나 양말목 링 등을 넣어주세요.

21. 한 칸 띄우고 다음 칸에 링을 1개 씩 넣고 엮어 13단을 완성합니다.

22. 이제 마무리합니다. 마지막 링은 한쪽만 엮습니다.

🜊 마무리하기 : 054쪽

23. 엮지 않은 부분을 엮은 부분 고리 안에 넣고 당겨 길게 빼줍니다.

24. 긴 링을 하트 쿠션 안쪽으로 숨겨서 마무리합니다.

봄이 왔어요

벚꽃 가랜드

LEVEL ●●○○○

봄 하면 떠오르는 벚꽃을 양말목 링으로 만들어 봅니다.
체인 뜨기를 변형해서 꽃잎을 만들고 꽃잎을 한 장 한 장 모아
벚꽃을 만듭니다. 레이스 매듭으로 링을 길게 연결하고 꽃을 걸어주면
봄 분위기 물씬 나는 벚꽃 가랜드를 만들 수 있어요.

Materials

양말목 133개

Knots

체인 뜨기(018쪽)

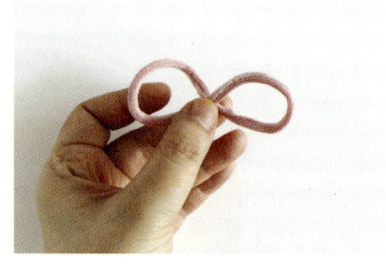

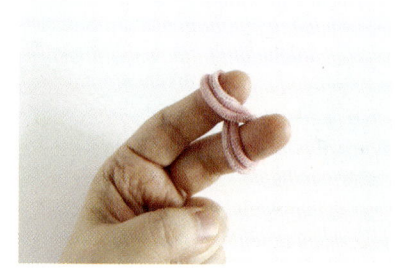

1. 링을 꼬고 반으로 접어서 2줄 링을 만듭니다.

♾️ 체인 뜨기 : 018쪽

2. 1을 다시 '8'자로 꼬아서 손가락에 걸어줍니다.

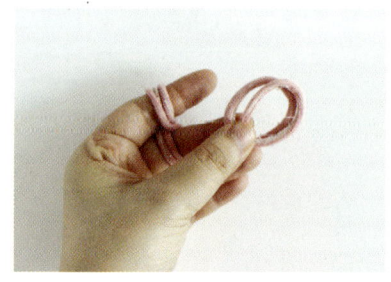
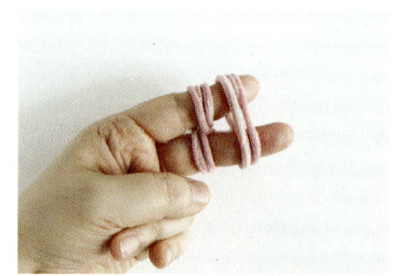

3. 새로운 링으로 2줄 링을 만들고 꼬지 않고 손가락에 그대로 걸어줍니다.

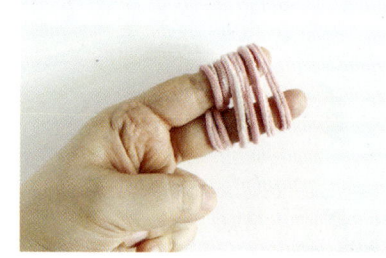
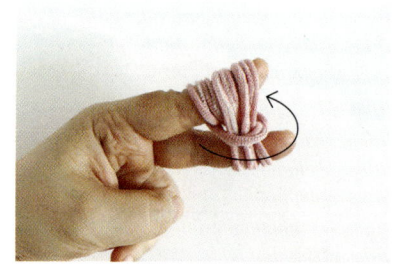

4. 다시 새로운 링으로 2줄 링을 만들어 꼬지 않고 손가락에 걸어줍니다. 총 3개의 2줄 링이 손가락에 걸려있습니다.

5. 꼬아서 손가락에 걸었던 맨 아래에 있는 링 중 오른쪽 2줄 링을 맨 위로 옮겨서 가운데 걸리게 합니다.

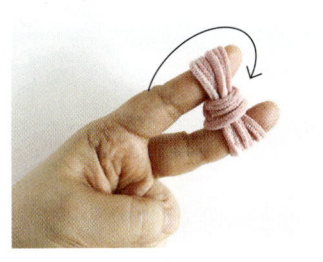

6. 맨 아래에 있는 링 중 왼쪽 2줄 링을 5와 같은 방법으로 옮깁니다.

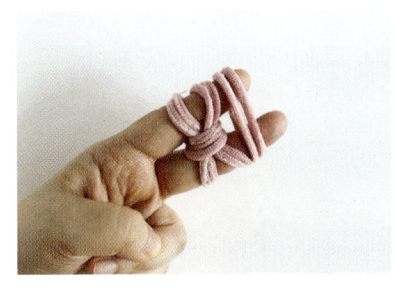

7. 다시 새로운 2줄 링을 손가락에 걸어줍니다.

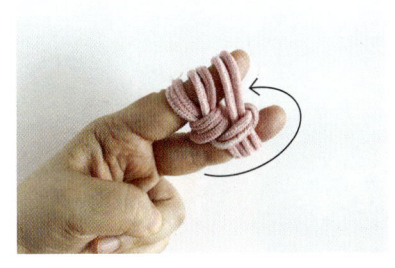

8. 맨 아래에 있는 오른쪽 2줄 링을 맨 위로 옮겨서 가운데 걸리게 합니다.

9. 맨 아래에 있는 왼쪽 2줄 링을 8과 같은 방법으로 옮겨줍니다.

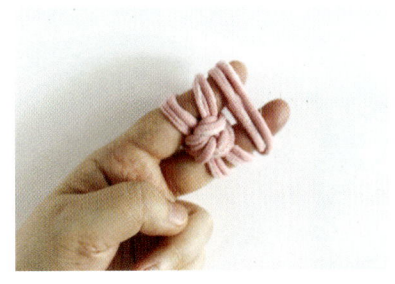

10. 다시 새로운 2줄 링을 손가락에 걸어줍니다.

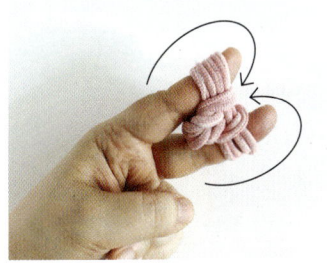

11. 맨 아래에 있는 2줄 링을 양쪽 다 위로 옮겨서 가운데 걸리게 합니다.

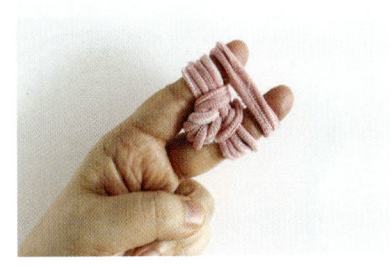

12. 다시 새로운 2줄 링을 손가락에 걸어줍니다.

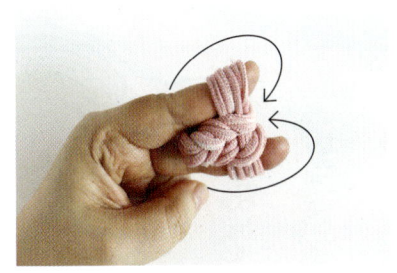

13. 맨 아래에 있는 2줄 링을 맨 위로 옮겨서 가운데 걸리게 합니다.

 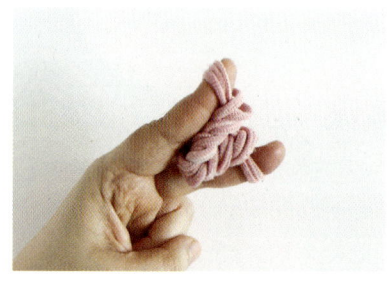 

14. 아래에 있는 2줄 링을 양쪽 다 위로 옮겨서 가운데 걸리게 합니다. 2줄 링이 각각 1개씩만 남습니다.

15. 손가락에서 빼냅니다.

 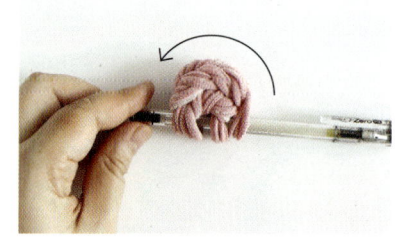 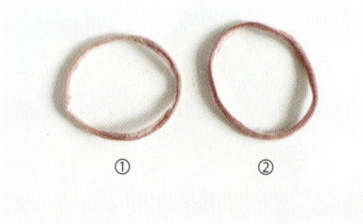

16. 빼낸 부분을 볼펜에 끼웁니다.

17. 구부려서 끝부분 고리도 볼펜에 끼웁니다. 꽃잎이 완성됩니다. 1~16을 반복해 총 5개의 꽃잎을 만듭니다.

18. 이제 꽃을 연결할 긴 선을 만듭니다. 2개의 링을 준비합니다.

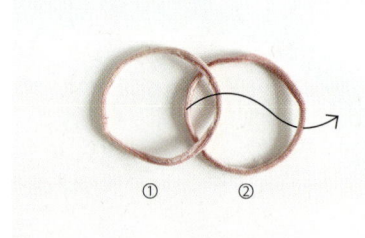  

19. ①이 ② 위에 살짝 겹쳐지게 올립니다.

∞ 레이스 매듭 : 055쪽

20. ②를 ① 안으로 넣었다가 다시 ② 안으로 넣습니다.

21. ②를 당기면 링이 서로 걸려서 끈이 만들어집니다.

22. 볼펜에 끼워둔 꽃잎을 끈에 통과
시킵니다.

23. 나머지 꽃잎도 끈에 걸어줍니다.

24. 끈을 2번 묶어 벚꽃을 완성합니
다. 원하는 만큼 벚꽃을 만듭니다.

25. 18~21의 방법으로 다시 링을 여러 번 연결해서 긴 끈을 만들고 그 끈에 벚꽃
을 걸어 벚꽃 가랜드를 완성합니다.

◎◎ 레이스 매듭 : 055쪽

딩굴딩굴 쉬고 싶은 날

빈백

LEVEL ●●●○○

빈백은 1인용 소파입니다. 크기가 큰 만큼 많은
양말목 링이 필요합니다. 배치할 공간에 어울리는 색상으로
넉넉히 준비해주세요. 빈백은 가로세로 180×150로 작업했지만, 과정은
조금 축소한 크기로 촬영했습니다. 사진과 설명의 링과 단의 수가 약간 차이가
있는데 차근차근 따라해 주세요. 충전재는 빈백의 70~80%를 채웠을 때
가장 편안하니 포근한 느낌이 좋다면 조금 적게, 딱딱한
균형감이 좋다면 충전재를 조금 더 넣어주세요.

Materials

양말목 7460개, 속커버(180×150), 지퍼, 충전재230g

Knots

체인 뜨기(018쪽)
사각 뜨기(020쪽)

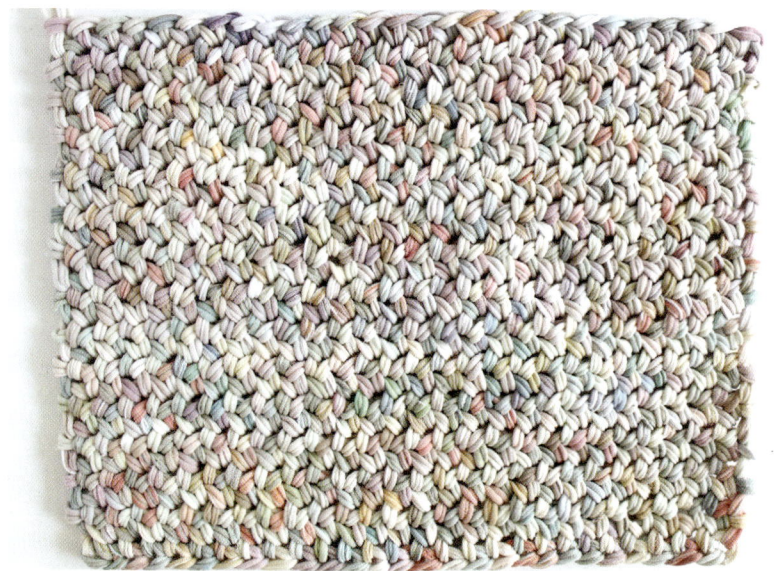

1. 90개의 링으로 체인 뜨기를 하고 구멍 하나에 링을 1개씩 넣어 엮습니다. 단마다 진행 방향을 바꿔가며 총 80단을 사각 뜨기 합니다. 링의 개수와 단의 개수는 원하는 빈백 사이즈에 맞게 정합니다.

◎ 체인 뜨기 : 018쪽, 사각 뜨기 : 020쪽

2. 80단 사각 뜨기의 마지막 링은 한쪽만 엮습니다.

3. 엮지 않은 부분을 엮은 부분 고리 안에 넣고 당겨서 길게 빼냅니다.

4. 3의 링을 뒷면에 숨깁니다.

◎ 마무리하기 : 054쪽

5. 사각 뜨기를 완료한 편물을 반을 접어서 두 장을 겹쳐놓고 첫 번째 구멍에 링 1개를 동시에 통과시킵니다.

6. 두 번째 구멍부터 오른쪽 끝 구멍까지 구멍 하나에 링을 1개씩 동시에 통과시킵니다.

7. 오른쪽 끝에 넣은 링을 위를 향하도록 접고 손가락을 넣어 자기 몸쪽으로 한 바퀴 꼬아줍니다.

8. 7에 엄지손가락을 넣고 옆의 링을 잡고 뺍니다.

9. 왼쪽 끝까지 엮습니다.

10. 9가 오른쪽으로 가도록 편물을 돌려줍니다. 벌어진 옆면이 위쪽을 향하게 됩니다.

11. 이제 위를 향해 벌어져 있는 옆면을 엮습니다. 모서리에 링을 1개 더 넣고 엮습니다.

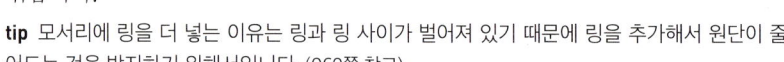

tip 모서리에 링을 더 넣는 이유는 링과 링 사이가 벌어져 있기 때문에 링을 추가해서 원단이 줄어드는 것을 방지하기 위해서입니다. (069쪽 참고)

12. 가로 방향으로 엮던 편물은 체인과 링을 추가할 구멍이 명확합니다. 하지만 편물을 90도로 돌리면 엮던 방향과 다르기 때문에 링을 추가할 위치를 작업자가 정해야 합니다. 이럴 때는 가로 방향에서 링을 추가하던 간격과 동일하게 위치를 잡습니다. 적당한 위치에 링을 1개 넣고 엮습니다. (103쪽 참고)

충전재를 넣은 빈백

13. 왼쪽 끝까지 엮습니다.

14. 13의 매듭이 가운데 오도록 양쪽 면을 벌려서 접습니다. 이때 충전재가 담긴 속 커버(137쪽 참고)를 빈백 안에 넣습니다.

15. 윗면과 아랫면을 맞잡고 구멍에 링을 1개씩 통과시킵니다.

16. 오른쪽 끝 구멍에 넣은 링을 위를 향해 접고 손가락을 넣어 몸쪽으로 한 바퀴 꼬아줍니다.

17. 16에 엄지손가락을 넣어서 옆의 링을 잡아 엮습니다. 같은 방법으로 왼쪽 끝까지 엮습니다.

18. 중간에 14의 마지막 링과 만나는데, 이 부분을 엮고, 이어서 다음 링을 이어서 엮습니다.

19. 이제 마무리합니다. 왼쪽 마지막 구멍의 링은 한쪽만 엮고, 엮은 부분을 엮지 않은 부분 고리에 넣고 길게 당겨 편물 뒤쪽에 숨깁니다.

∞ 마무리하기 : 054쪽

20. 빈백이 완성된 모습입니다. 뒤집어서 사용해도 됩니다.

more tip

속 커버 만들기

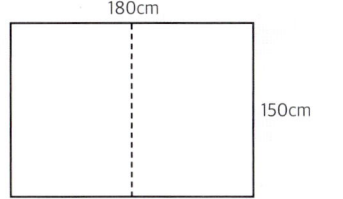

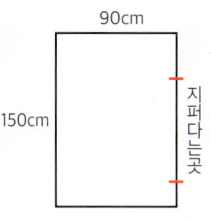

① 가로세로 180×150 크기의 원단을 준비합니다.

② 겉면과 겉면이 마주 보게 반을 접어서 90×150 되게 합니다. 그림을 참고해 옆면에 지퍼를 달아줍니다.

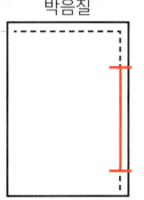

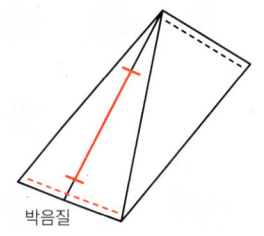

③ 밑 부분만 빼고 박음질합니다.

④ 박음질한 옆면이 가운데 오도록 잘 접고, 밑면을 박음질합니다.

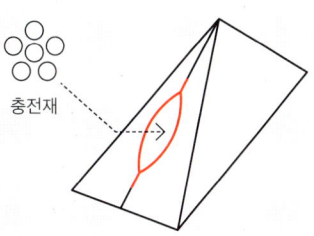

⑤ 지퍼를 열고 뒤집어서 충전재를 넣어줍니다.

part 3

양말목 공예로 만드는
감성 캠핑 소품

일상에서 벗어나 자연과 함께 하는 캠핑에서 양말목으로 만든
소품은 나만의 감성을 표현할 수 있습니다. 투박하지만 따뜻한
온기가 느껴져 체온을 보호하는 데도 효과적이고 분위기를 살
리기에 좋습니다.

알록달록 유쾌하게

삼각 가랜드

LEVEL ●○○○○

삼각 뜨기 한 편물과 편물 사이를 끈으로 연결해 간단하게
만드는 소품입니다. 편물 한쪽 끝은 레이스 매듭하고, 다른 쪽 끝은
매듭을 지어서 고정합니다. 컬러풀한 색으로 만들면
훨씬 생기발랄해 보여요.

Materials

양말목 169개

Knots

삼각 뜨기(024쪽)
레이스 매듭(055쪽)

1. 삼각 뜨기 한 편물을 여러 개 준비합니다.

∞ 삼각 뜨기 : 024쪽

2. 편물 모서리에 링을 넣습니다.

3. 그대로 레이스 매듭 합니다.

∞ 레이스 매듭 : 055쪽

4. 편물 반대쪽에도 링을 넣어 레이스 매듭 합니다.

5. 다음 편물 모서리에 4의 오른쪽 링을 넣고 크게 매듭짓습니다.

레이스 매듭

매듭 짓기

레이스 매듭

6. 4~5를 반복해 여러 개의 편물을 색깔별로 연결하고 마지막 편물은 레이스 매듭 합니다.

∞ 레이스 매듭 : 055쪽

생활에 감성 한 스푼

휴지 걸이

LEVEL ●●○○○

양말목은 자연 소재인 우드와 잘 어울리며,
링과 스틱을 이용하여 어디에나 쉽게 걸어 놓을 수 있습니다.
체인 뜨기로 튼튼한 끈을 만들고, 우드 스틱 양쪽에 끼웠다가 빼면
휴지를 교체 할 수도 있습니다. 꼭 캠핑이 아니더라도 집에서 스카프,
목도리, 머리띠, 넥타이 등을 걸어서 보관하기에도 좋습니다.

Materials

우드 링(지름 5.5cm) 1개
우드스틱(길이 30cm, 두께1.5cm) 1개
양말목 44개

Knots

체인 뜨기(018쪽)

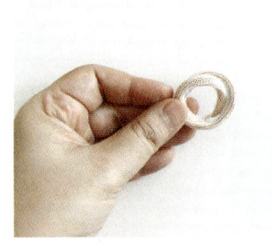

1. 링 1개를 준비하고 '8'자로 꼬아 2줄 링을 만듭니다.

2. 우드 링 안에 2줄 링을 넣고 우드 링을 감싸면서 반으로 접습니다.
tip 우드 링은 수예용품을 판매하는 온오프라인 쇼핑몰에서 쉽게 살 수 있습니다.

체인 2개 완성

3. 다시 2줄 링을 만듭니다.

4. 우드 링에 걸려있는 2줄 링에 새로 만든 2줄 링을 걸어 체인 뜨기 합니다.
체인 뜨기 : 018쪽

체인 3개 완성

5. 다시 2줄 링을 만듭니다.

6. 2번째 체인에 새로 만든 2줄 링을 걸어줍니다.

7. 1~6을 반복해 우드 링에 또 다른 체인을 만듭니다.

8. 두 개의 체인에 원하는 길이만큼 체인 뜨기를 이어줍니다. 여기서는 각각 21개의 체인을 만들었습니다.

9. 마지막 체인을 벌려서 한쪽(2줄)에 링 1개를 통과시킵니다.

10. 9에서 밀어 넣은 쪽 링을 다른 쪽 구멍 안으로 넣습니다.

11. 10을 길게 당겨서 빼냅니다.

∞ 레이스 매듭 : 055쪽

12. 9~11을 반복해 다른 쪽에도 양말목 링을 달아 레이스 매듭 합니다.

13. 우드 스틱을 그림과 같이 레이스 매듭 위에 올립니다.

14. 12의 링은 9에서 남은 다른쪽 체인(2줄)에 넣어서 빼냅니다.

15. 빼낸 링을 한번 묶습니다.

16. 양쪽 다 묶어 줍니다. 매듭이 있는 쪽이 휴지 걸이의 뒤쪽입니다.

17. 매듭 없는 쪽으로 뒤집어 보면 조금 더 깔끔하네요. 여기가 앞입니다.

18. 꽃을 만들어 장식해도 좋습니다.
꽃 : 156쪽

고기를 잡으러 바다로 갈까요?

네트 백

LEVEL ●●●○○

그물처럼 구멍이 큰 가방을 네트 백이라고 하는데
양말목은 잘 늘어나고 단단하기 때문에 네트 백 만들기에 좋습니다.
백의 밑면은 원형 뜨기를 촘촘하게 엮어 만들고 옆면은 원형 뜨기로 성글게
엮습니다. 옆면을 엮으면서 링을 추가할 때는 레이스 매듭 합니다.
끈은 가방 옆면의 한쪽에서 체인 뜨기 해 맞은편에 엮어 완성할 거예요.
가볍고 예쁜 네트 백으로 피크닉, 휴양지, 카페 어디에서나
편리하게 활용해 보세요.

Materials

양말목 162개

Knots

원형 뜨기(027쪽)
레이스 매듭(055쪽)
체인 뜨기(018쪽)

1. 원형 뜨기로 4단까지 완성하고 5단 첫 번째 구멍에 링을 1개 넣습니다.

tip 4단까지 원형 뜨기 한 것이 네트 백의 밑면이에요.

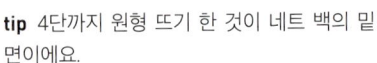

2. 1의 링을 한쪽만 엮고, 엮지 않은 부분을 엮은 부분 고리 안으로 넣어 길게 당깁니다.

◎ 마무리하기 : 054쪽

3. 두 번째 구멍에 링을 1개 넣고 링의 한쪽을 다른 쪽 고리 안에 넣어 당깁니다. 나머지에도 구멍 하나에 링을 1개씩 넣어 레이스 매듭 합니다.

◎ 레이스 매듭 : 055쪽

4. 2의 링에 손가락을 넣고 두 번째 링을 잡고 빼내어 엮습니다. 이때 단단하게 엮지 않고 느슨하게 둡니다.

◎ 원형 뜨기 : 027쪽

5. 4를 반복해서 성글게 엮어 그물을 만듭니다.

6. 6단의 첫 번째 구멍에 레이스 매듭으로 링을 추가합니다.

7. 6의 링을 5단의 마지막 링 안에 넣고 엮습니다.

8. 두 번째 구멍에 레이스 매듭으로 링을 추가하고 7의 링 안에 넣어 엮습니다.

9. 계속해서 구멍 하나에 링을 1개씩 레이스 매듭 하고 엮어 6단을 완성합니다.

10. 7단의 첫 번째 구멍에 레이스 매듭으로 링을 걸고 6단 마지막 링 안에 넣고 엮습니다.

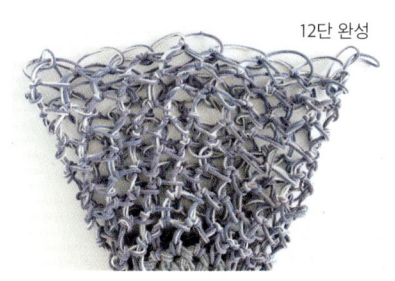

11. 10을 반복해서 구멍 하나에 링을 1개씩 넣어 레이스 매듭하고 엮어 12단까지 완성합니다.

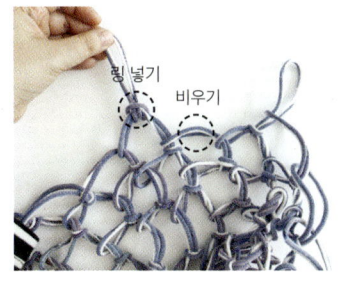

12. 이제 백의 입구를 만들기 위해 코를 줄입니다. 13단에서는 한 구멍을 비우고 다음 구멍에서 링을 걸어 엮습니다.

13. 13단이 완성된 후에 13단 끝에 2개의 링을 잡습니다.

  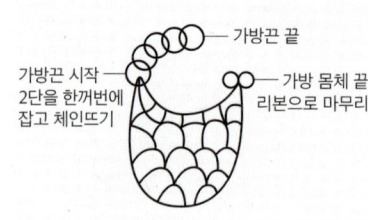

14. 두 번 묶어 리본을 만듭니다. 가방의 몸체가 완성되었습니다.

15. 이제 가방끈을 만들어 볼게요. 가방을 납작하게 펼쳤을 때 14에서 리본으로 묶었던 쪽의 맞은편 구멍에서 체인 뜨기 해 가방끈을 만들 거예요. 이렇게 시작된 가방끈은 14의 리본과 묶어서 마무리합니다. 14의 맞은편에 있는 그물 2단의 구멍을 한꺼번에 잡고 링 1개를 넣습니다.

tip 1단만 잡아도 되지만 조금 더 튼튼한 끈을 만들기 위해 2단으로 시작합니다.

16. 15에서 새로 넣은 링을 2번 묶고 고리가 위를 향하게 접어 2줄 링이 되게 합니다.

17. 2줄 링 안에 새로운 2줄 링을 넣습니다.

18. 17을 반복해서 원하는 길이만큼 체인 뜨기 해 가방끈을 만듭니다. 여기서는 링 26개로 체인 뜨기 했습니다.
◎ 체인 뜨기 : 018쪽

19. 가방끈을 몸체와 연결합니다. 18의 가방끈을 14의 리본으로 가져옵니다. 가방끈이 꼬이지 않게 유의합니다.

20. 14의 리본 한쪽을 18의 마지막 체인에 통과시킵니다.

21. 리본의 양쪽을 잡고 묶습니다.

22. 한 번 더 묶어서 리본으로 마무리합니다.

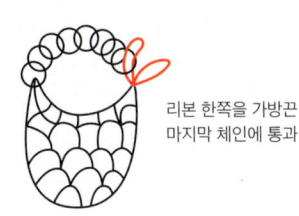

리본 한쪽을 가방끈 마지막 체인에 통과

폭신하게 감싸주는

자전거 안장 커버

LEVEL ●●●●●

형태가 좁은 앞부분은 링을 늘리지 않고 넓어지는 뒷부분은
링을 늘려가며 엮습니다. 어느 정도 형태가 나오면 안장에 올려 맞춰봅니다.
안장의 아래쪽으로 갈수록 링을 줄여서 안장을 감싸줍니다. 이때 안장의 앞뒤
두께가 다르고 모양이 불규칙하기 때문에 안장에 덮어놓고 맞춰보면서
엮어야 형태가 틀어지지 않습니다.

Materials

양말목 230개

Knots

타원 뜨기(039쪽)

1. 자전거 안장을 준비합니다.

2. 안장의 길이 보다 조금 짧게 체인 뜨기 합니다.
여기서는 14개의 링으로 체인 뜨기 했습니다.
◎ 체인뜨기 : 018쪽

3단 완성

3. 타원 뜨기로 3단까지 떠서 안장의 중심 면을 만듭니다.
◎ 타원 뜨기 : 039쪽

링의 개수

1단: 양쪽 끝 구멍에 링 3개씩 넣고 엮기, 나머지는 구멍 히나에 링 1개씩 넣고 엮기

2단: 양쪽 끝은 2→2로 엮기, 나머지는 구멍 하나에 링 1개씩 넣고 엮기

3단: 양쪽 끝은 2→1→2로 엮기, 나머지는 구멍 하나에 링 1개씩 넣고 엮기

4. 안장 뒷부분을 만듭니다. 4단 시작 부분에 링을 2→2→2→2→2로 넣고 엮습니다. 안장의 뒷부분은 넓어서 코를 많이 늘려줍니다.

5. 옆에는 구멍 하나에 링을 1개씩 넣고 엮습니다.

6. 안장 앞부분이 될 반대쪽 끝에는 구멍 하나에 링 1개씩만 넣고 엮습니다. 안장 앞쪽은 코를 늘리지 않습니다.

7. 옆에는 구멍 하나에 링을 1개씩 넣고 엮습니다.

8. 4단이 완성된 모습입니다. 안장 앞쪽은 코를 늘리지 않아 살짝 안으로 말린 형태입니다.

9. 안장 뒷부분은 안장의 모양에 맞게 좌우 대칭이 되도록 링을 늘려가며 엮어 5단을 완성합니다.

링의 개수 2→2→2→1→1→1→1→2→2→2

10. 옆에는 구멍 하나에 링을 1개씩 넣고 엮습니다.

11. 안장 앞부분은 여전히 코를 늘리지 않고 구멍 하나에 링을 1개씩 넣고 엮습니다.

12. 넓은 쪽을 뒤로, 좁은 쪽을 앞으로 해서 안장에 덮어봅니다. 앞과 뒷부분은 완전히 덮어 있고 양옆은 안장이 아직 드러나 있습니다. 이제 이 부분을 엮어 덮어줄 거예요.

13. 안장의 옆을 감싸주기 위해서 코를 줄여나갈 거예요. 첫 번째 구멍은 비우고 다음 구멍에서 링을 넣어 엮습니다.

14. 안장의 모양에 따라 두 번째 구멍부터는 구멍 하나에 링을 1개씩 넣고 엮습니다.

15. 뒷부분을 더 많이 모아주기 위해서 구멍 하나를 비우고 다음 구멍에 링을 넣고 엮습니다.

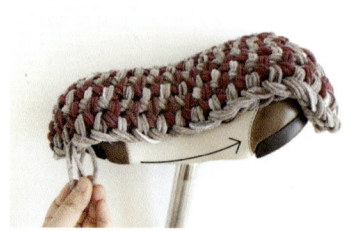

16. 안장의 옆면을 다 덮어주기 위해서 진행 방향을 바꿔서 다시 엮습니다. **tip** 여기는 모양이 불규칙하기 때문에 링을 줄이는 데 규칙을 말하기 어렵습니다. 곡선 형태를 보면서 적절히 링의 개수를 조절해 주세요.

17. 12~15를 반복해서 반대쪽 옆면도 링을 넣고 엮어 안장에 맞게 덮어줍니다. 이쪽도 모양이 불규칙하기 때문에 정해진 규칙보다는 안장의 형태대로 링을 줄인다고 생각해 주세요.

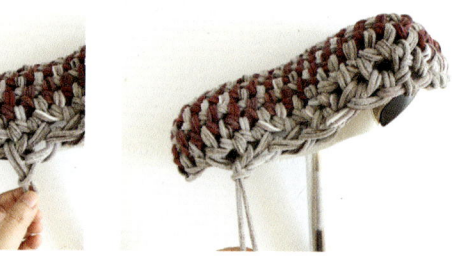

18. 뒤쪽까지 엮고 진행 방향을 바꿔서 앞으로 엮어 나갑니다.

19. 마지막 고리는 한쪽만 엮어줍니다.
◎◎ 마무리하기 : 054쪽

20. 엮지 않은 부분을 엮은 부분 안에 넣고 길게 당깁니다.

21. 안장의 반대편 15도 19~20의 방법으로 똑같이 길게 빼냅니다.
◎◎ 마무리하기 : 054쪽

22. 안장을 완전히 뒤집어 바닥면을 볼게요. 길게 빼놓은 링 양쪽을 잡고 묶습니다.

23. 안장의 뒤쪽에도 레이스 매듭으로 링을 걸어 양쪽에 끈을 만들어 묶습니다.
🎀 레이스 매듭 : 055쪽

24. 커버를 안장에 잘 고정하기 위해 원하는 부분에 링을 추가하여 엮고 팽팽하게 당겨 잘 묶어줍니다.

25. 위에서 보면서 한 번 더 체크합니다. 안장에 완전히 감싸졌습니다.

나를 위해 준비했어~

캠핑 의자 커버

LEVEL ●○○○○

겨울철 캠핑에서 보온역할을 해줄 의자 커버 입니다.
사각 뜨기로 길게 커버를 만들고 윗부분을 접어서 겹치게 한 후
서로 연결하면 캠핑 의자를 덮어 고정할 수 있게 됩니다. 손쉽게 커버를
씌우고 벗길 수 있어서 세탁하기도 좋아요. 색깔별로 만들어서 기존 커버
위에 걸치면 매번 새로운 느낌의 캠핑을 즐길 수 있습니다.

Materials

양말목 828개

Knots

사각 뜨기(020쪽)

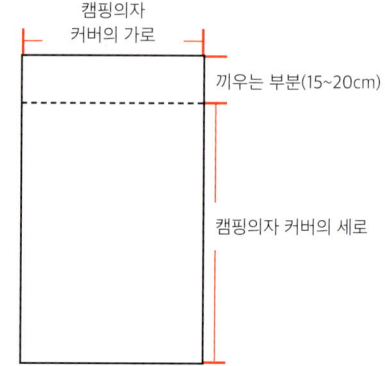

캠핑의자
커버의 가로

끼우는 부분(15~20cm)

캠핑의자 커버의 세로

1. 캠핑 의자 사이즈에 맞게 사각 뜨기 합니다. 여기서는 24개의 링으로 체인 뜨기 하고 34단까지 사각 뜨기 했습니다.

tip 만들고자 하는 캠핑 의자 커버의 가로 길이와 세로 길이를 정합니다. 여기서는 기존에 있던 캠핑의자 커버의 가로를 재서 가로 길이로 정하고 세로는 커버의 세로 길이에 끼우는 부분 15~20cm를 추가했습니다.

2. 마지막 링은 한쪽만 엮어서 엮지 않은 부분을 엮은 부분 고리 안에 넣어 길게 빼줍니다.

3. 길게 빼낸 줄은 편물 안에 숨깁니다.

◎ 마무리하기 : 054쪽

4. 의자에 씌울 부분을 만들기 위해 15~20cm 접습니다.

5. 양쪽의 옆선을 엮어 줄게요. 4의 앞면과 뒷면이 겹쳐지도록 잡고, 같은 위치의 첫 번째 구멍에 링을 1개 넣습니다.

6. 두 번째 구멍에도 링을 1개 넣습니다.

7. 첫 번째 넣은 링에 손가락을 넣고 몸쪽으로 한 바퀴 꼬아 6의 링과 엮습니다.

8. 구멍 하나에 링을 1개씩 넣고 엮습니다.

9. 접힌 부분이 끝나는 구멍에 링 1개를 넣어 한쪽만 엮고 나서 다시 양쪽을 잡아 2번 묶습니다.

⌘ 마무리하기 : 054쪽

10. 5~9를 반복해 반대쪽도 엮습니다.

감성 캠핑의 꽃

호롱 랜턴 워머

LEVEL ●●○○○

캠핑의 꽃은 역시 조명! 호롱 램프의 감성을 더 따뜻하게
감싸줄 워머를 만들어 봅니다. 요즘에는 이소 가스를 조리용으로만
사용하지 않고 호롱 모양의 유리 글로브를 달아 랜턴을 만들어서 불멍을
하기도 합니다. 그때 이소 가스의 본체에 워머를 씌워주면 외부의 냉기를
잡아 화력 저하 방지에 도움이 됩니다. 이소 가스 랜턴은
실외용이므로 실내에서는 사용하지 마세요.

Materials

양말목 57개

Knots

체인 뜨기(018쪽)

1. 호롱 랜턴을 준비합니다.

tip 마트에 캠핑용품 파는 곳에서 쉽게 구할 수 있습니다. 온라인 쇼핑몰에서도 구할 수 있어요.

2. 랜턴 아래 몸통의 둘레에 맞춰 체인 뜨기 합니다. 여기에서는 15개의 링으로 체인 뜨기 했습니다.

◠◠ 체인 뜨기 : 018쪽

3. 랜턴의 몸체 부분 크기에 따라 다르니 적당히 맞춥니다. 호롱 랜턴의 가로를 둘렀을 때 가로 길이보다 조금 작게 합니다. 당겼을 때 딱 맞는 정도여야 잘 벗겨지지 않아요.

4. 링 1개를 3의 양쪽 끝에 통과시키고 2번 묶어 리본을 만듭니다.

5. 랜턴을 뒤집어서 첫 번째 구멍에 링을 1개 넣고 위를 향해 접습니다.

6. 두 번째 구멍에도 링을 넣고 엮습니다.

◠◠ 원형 뜨기 : 027쪽

7. 5~6과 같이 구멍 하나에 링을 1개씩 넣고 엮습니다.

8. 2단 첫 번째 구멍에 링을 1개 넣고 엮습니다.

2단 완성

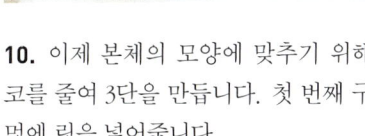

9. 구멍 하나에 링을 1개씩 넣고 엮어 2단을 완성합니다.

10. 이제 본체의 모양에 맞추기 위해 코를 줄여 3단을 만듭니다. 첫 번째 구멍에 링을 넣어줍니다.

비우기

11. 두 번째 구멍을 비우고 세 번째, 네 번째 구멍에 링을 1개 넣고 엮습니다.

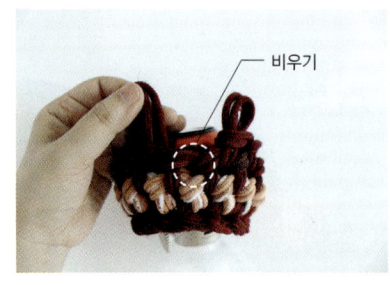

12. 다시 다섯 번째 구멍은 비우고, 여섯 번째 구멍에 링을 넣어 엮습니다.

3단: 2, 5, 8, 11, 14번째 구멍은 비우고 나머지 구멍에 링을 1개씩 넣고 엮기

tip 호롱 랜턴 워머는 어떤 제품을 가지고 있는가에 따라 링의 개수와 비우는 위치가 달라집니다. 제품의 모양에 맞게 코를 늘릴 때는 링을 2개씩 넣고 코를 줄여야 할 때는 구멍에 링을 넣지 않고 비우면서 엮습니다.

13. 마지막 링은 한쪽만 엮습니다.

14. 엮지 않은 부분을 엮은 부분 고리 안에 넣어 길게 당겨줍니다.

15. 14를 편물의 안쪽으로 숨겨서 마무리합니다.

〰️ 마무리하기 : 054쪽

part 4

양 말 목 공 예 로 만 드 는

반려동물용품

집사가 직접 만드는 반려동물을 위한 선물입니다. 양말목 링으로 반려동물의 스트레스를 줄여줄 장난감과 쫑긋한 귀가 포인트인 팻 하우스를 만들어봅니다.

숨겨진 간식을 찾아라

노즈워크

LEVEL ●●○○○

노즈워크는 반려견이 후각을 이용하여 숨겨놓은 간식을
찾아 먹는 놀이 활동입니다. 간단한 방법으로 반려견의 스트레스를
완화할 수 있습니다. 매트를 준비할 때 구멍이 양말목 링이 들어갈 수
있는 크기인지 꼭 확인하세요. 편물을 짤 때는 구멍에 빈 곳이
없도록 촘촘히 묶어야 간식을 숨기기 좋습니다.

Materials

물 빠짐 다용도 매트
양말목 450개

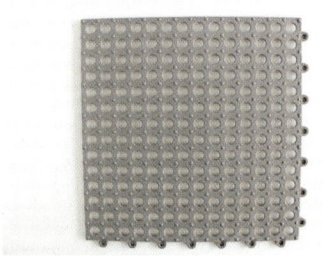

1. 물 빠짐 다용도 매트를 준비합니다.

tip 욕실용품 파는 코너에서 쉽게 구할 수 있습니다.

2. 매트에 링을 걸어줍니다.

tip 구멍의 개수에 따라 링의 개수가 달라집니다.

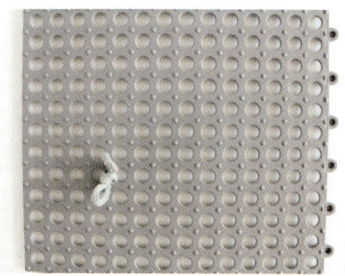

3. 한 번 묶어줍니다.

4. 바로 옆에 링을 걸어줍니다.

5. 한 번 묶어줍니다.

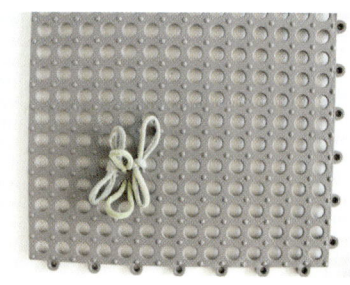

6. 구멍 아래에도 링을 걸어줍니다.

7. 한 번 묶어줍니다.

8. 구멍의 윗부분에도 링을 걸어줍니다.

9. 한 번 묶어줍니다.

10. 반복해서 구멍을 모두 채워줍니다.

뼈다귀를 닮은

뭉이 장난감

LEVEL ●●○○○

원형 뜨기로 반려동물용 장난감을 만들어 봅니다.
링을 늘렸다가 줄였다가 하면서 입체적으로 모양을 만듭니다.
좌우 대칭이므로 양쪽에 링을 늘리는 개수를 동일하게 합니다.

Materials

양말목 131개

Knots

원형 뜨기 (027쪽)

1단 완성

2단 완성

1. 4줄 링(원의 중심)에 총 6개의 링을 넣고 원형 뜨기 하여 1단을 완성합니다.

∾ 원형 뜨기 : 027쪽

2. 구멍 하나에 링을 2개씩 넣고 하나씩 차례대로 엮어 2단을 완성합니다.

3단 완성

3. 구멍 하나에 링을 1개씩 넣고 하나씩 차례대로 엮어 3단을 완성합니다. 입체 감이 만들어집니다.

4단 완성

4. 계속해서 구멍 하나에 링을 1개씩 넣고 엮어 4단을 완성합니다. 깊이가 더 생기고 반구 모양이 됩니다.

비우기

5단 완성

5단
1단

5. 5단은 코를 줄입니다. 한 칸 비우고 다음 칸에 링을 1개씩 넣어 엮습니다. 공
처럼 동그래집니다.

11단이 완성된 모습

6~11단   5단   1~4단

6. 6~11단까지 구멍 하나에 링을 1개씩 넣고 엮습니다.

12단   6~11단   5단   1~4단

7. 12단은 다시 단을 확장합니다. 구
멍 하나에 링을 2개씩 넣고 엮습니다.

13~14단 12단 6~11단 5단 1~4단

8. 13, 14단은 구멍 하나에 링을 1개씩 넣고 엮습니다.

비우기

비우기

9. 15, 16단은 한 칸 비우고 다음 칸에 링을 1개씩 넣고 엮습니다.

15~16단 13~14단 12단 6~11단 5단 1~4단

엮은 쪽   엮지 않은 쪽

10. 이제 마무리합니다. 마지막 링은 한쪽만 엮습니다.

🔗 마무리하기 : 054쪽

11. 엮지 않은 쪽은 엮인 쪽 링 안에 넣습니다.

12. 넣은 링을 길게 빼냅니다.

강아지가 던지고 물기 좋은 뼈다귀 모양 장난감이 완성됩니다.

링의 개수

1단: 원형 뜨기(6개)

2단: 구멍 하나에 링을 2개씩 넣고 엮기

3~4단: 구멍 하나에 링을 1개씩 넣고 엮기

5단: 한 칸 비우고 다음 칸에 링을 1개씩 넣고 엮기

6~11단: 구멍 하나에 링을 1개씩 넣고 엮기

12단: 구멍 하나에 링을 2개씩 넣고 엮기

13~14단: 구멍 하나에 링을 1개씩 넣고 엮기

15~16단: 한 칸 비우고 다음 칸에 링을 1개씩 넣고 엮기

귀가 쫑긋쫑긋

팻 하우스

LEVEL ●●●●●

팻 하우스는 이 책에서 제시하는 공예품 중 가장 난도가 높습니다.

원형 뜨기로 바닥 면을 만들고 사각 뜨기로 벽면을 만듭니다.

벽면은 입구로 사용할 수 있도록 다 엮지 않고 일부 구간을 비웁니다.

마지막으로 삼각 뜨기로 귀를 쫑긋하게 만들어 장식합니다.

Materials

양말목 797개

Knots

원형 뜨기(027쪽)

사각 뜨기(020쪽)

삼각 뜨기(024쪽)

링의 개수

바닥

1단: 원형 뜨기(7개)

2단: 구멍 하나에 링 2개씩 넣고 엮기

3단: 1→2→1→2 규칙으로 엮기

4단: 구멍 하나에 링 1개씩 넣고 엮기

5단: 1→2→1→2 규칙으로 엮기

6단: 구멍 하나에 링 1개씩 넣고 엮기

7단: 1→2→1→2 규칙으로 엮기

8~10단: 구멍 하나에 링 1개씩 넣고 엮기

문턱

11~12단: 구멍 하나에 링을 1개씩 넣고 엮기

1. 원형 뜨기로 10단까지 엮어 팻 하우스의 바닥 면을 만들고 2단을 더 엮어 문턱을 만듭니다.

🐚 원형 뜨기 : 027쪽 / 러그 : 104쪽

tip 팻 하우스의 구조와 엮는 방향 알아보기
팻 하우스의 구조를 보면 다음과 같습니다. 바닥 면과 옆면이 있고 입구 아래에는 문턱이 있습니다. 바닥 면과 옆면은 원형 뜨기로 엮는데, 바닥 면은 한 방향으로 옆면은 진행 방향을 바꿔가며 엮습니다.

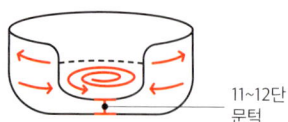

바닥은 원형뜨기로 한방향으로 엮기
옆면은 사각뜨기로 진행방향 바꿔주며 엮기

2. 팻 하우스의 입구를 만들어 볼게요. 13단을 엮습니다. 구멍 하나에 링을 1개씩 넣고 엮다가 10칸을 남기고 멈춥니다. 비워둔 10칸이 팻 하우스의 입구가 됩니다. 13단 첫 번째 구멍에 새로운 링을 넣어 표시해둡니다.

14단 시작

tip 양말목 공예는 오른손잡이를 기준으로 오른쪽에서 왼쪽으로 링을 엮습니다. 오른쪽에서 왼쪽으로 엮다가 진행 방향을 바꿔 왼쪽에서 오른쪽으로 엮기 어려우니 편물의 안팎을 뒤집어 놓고 오른쪽에서 왼쪽으로 엮으면 편해요.

3. 14단은 진행 방향을 바꿔서 엮습니다. 편물을 뒤집고 첫 번째 구멍에 링을 1개 넣고 엮습니다.

14단 시작 14단 끝

4. 2에서 표시해 둔 곳까지 구멍 하나에 링을 1개씩 넣고 엮어 14단을 완성합니다.

15단 시작 15단 끝 15단 끝

5. 15단을 뜰 때는 다시 진행 방향을 바꿔서 구멍 하나에 링을 1개씩 넣고 끝까지 엮습니다.

 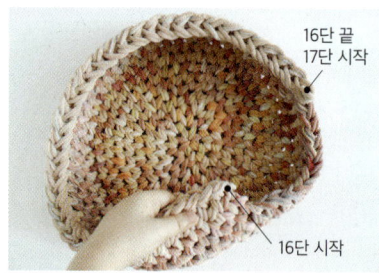 

6. 엮지 않고 비워둔 부분이 팻 하우스 입구입니다.
16단~20단까지 단마다 진행 방향을 바꿔가며 구멍 하나에 링을 1개씩 넣고 반복해서 엮습니다.

7. 21단부터는 링의 개수를 줄여서 천장을 만들어 볼게요. 첫 번째 구멍에 링을 1개 넣고 엮습니다. 첫 번째 구멍에 링을 넣고 엮는 이유는 단이 바뀌어도 입구 시작 부분을 깔끔하게 맞추기 위해서입니다.

8. 두 번째 구멍부터는 한 칸 비우고 다음 칸에 링을 1개씩 넣고 엮습니다.

9. 맨 끝부분은 순서가 안 맞더라도 꼭 링을 넣어서 엮습니다. 7과 마찬가지로 입구 부분을 깔끔하게 맞추기 위해서입니다.

10. 22단, 23단은 방향을 바꿔 가며 구멍 하나에 링을 1개씩 넣고 엮습니다.

  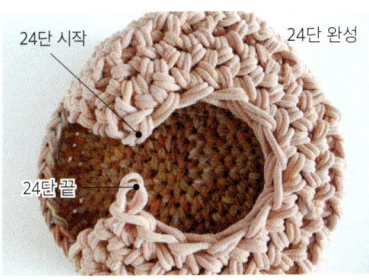

11. 7~8과 같은 방법으로 링 수를 줄여 24단을 완성합니다. 입구의 시작 부분은
순서가 맞지 않아도 링을 넣어 엮습니다.

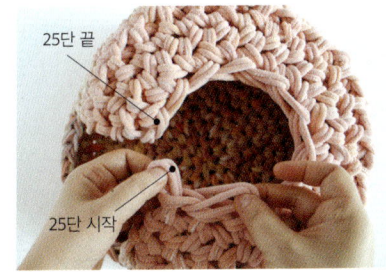 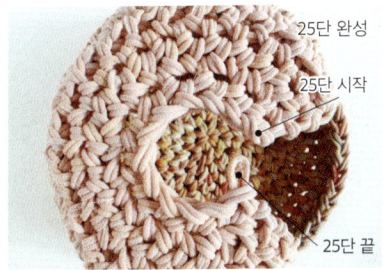

12. 다시 방향 바꿔서 구멍 하나에 링을 1개씩 넣고 25단을 만들어줍니다.

 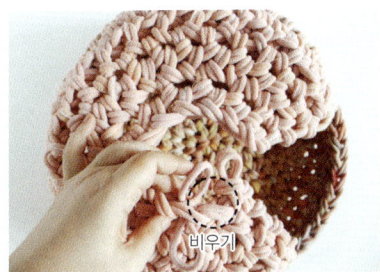 

13. 7~8과 같이 링의 수를 줄여 26단을 만듭니다.

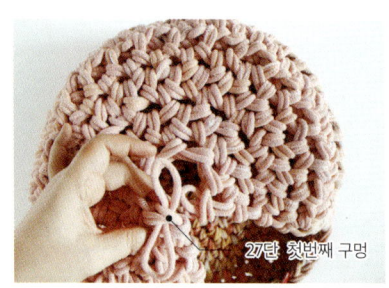

14. 27단부터는 진행 방향을 바꾸지 않고 엮어 천장을 메웁니다. 첫 번째 구멍에 링을 1개 넣습니다.

15. 27단의 마지막 링에 손가락을 넣고 14의 링을 잡고 뺍니다.

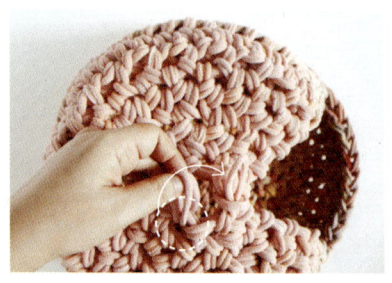

16. 구멍 하나에 링을 1개씩 넣고 엮어 팻 하우스 윗부분을 모두 메꿉니다.

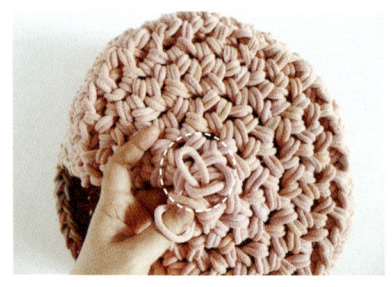

17. 이제 팻 하우스 몸체를 마무리합니다. 마지막은 링을 한쪽만 엮습니다.

◉ 마무리하기 : 054쪽

18. 링의 한쪽 끝을 엮어진 링 안으로 통과해서 길게 빼줍니다.

19. 빼낸 링을 편물의 안쪽으로 숨깁니다.

20. 이제 장식용 귀를 만들어 볼게요. 6개의 링으로 체인 뜨기 합니다.

◉ 체인 뜨기 : 018쪽

21. 단마다 마지막 구멍만 빼고 모든 구멍에 링을 1개씩 넣고 엮습니다. 단이 바뀔 때 마다 진행 방향을 바꿔 삼각 뜨기 합니다.

◉ 삼각 뜨기 : 024쪽

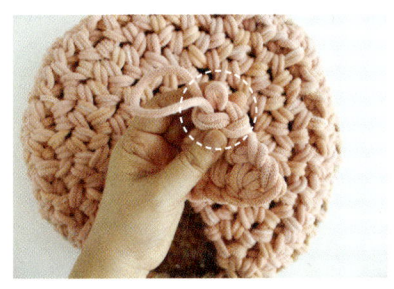  

22. 21의 마지막 링 한쪽을 길게 빼내어 다른 쪽 링 안에 넣고 당깁니다.

◉ 마무리하기 : 054쪽

23. 귀가 달릴 위치를 정해서 22의 링을 팻 하우스 몸통 안쪽으로 통과시킵니다.

 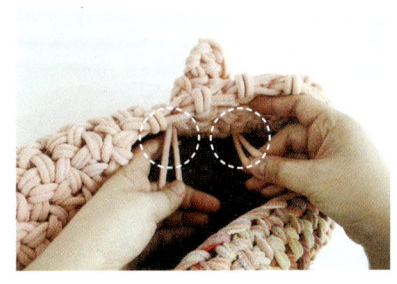 

24. 21의 오른쪽 아래 모서리에 레이스 매듭으로 새로운 링을 걸어줍니다.

◉ 레이스매듭 : 055쪽

25. 24의 링도 팻 하우스의 안쪽으로 통과시킵니다.

26. 안쪽에서 두 개의 링을 2번 묶습니다.

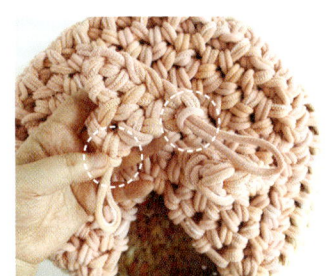 

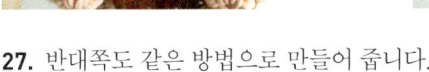

27. 반대쪽도 같은 방법으로 만들어 줍니다.